稻盛和夫經營12條

管理者應貫徹的會計原則、
人才養成與組織管理

Kazuo Inamori
稻盛和夫 著　吳乃慧 譯

経 営 12 カ 条　経 営 者 と し て 貫 く べ き こ と

稻盛和夫 經營12條 ⊙ 目錄

第3條 胸懷強烈的願望

第7條 經營取決於堅強的意志

經營需要滴水穿石般的堅強意志

第12條　始終保持開朗樂觀的態度

補充說明

前言
回歸經營的原點

稻盛和夫

如果能通透世上看似複雜問題背後即存的原理原則，那麼你會發現，這些問題必然存在解決的方法。我基於這樣的想法，根據自身經驗，把「如何經營好公司」諸如此類經營上的原理原則，彙整成易於理解的準則——「經營十二條」。

說到經營，大家很容易把它想得很困難，認為它和許多複雜因素牽扯不清，但可能因為我是理工背景出身，習慣回歸事情的本質去思考，所以當我專注於事情的本質上時，反而覺得經營公司相對單純，只要了解經營的原理

原則，任誰都能成為領導公司的優秀掌舵者。

我曾在「盛和塾」中，向年輕的經營者談及自己的經營思想和經營方法（盛和塾於二〇一九年底關閉），現場聚集了許多中小企業和中堅企業的經營者，但透過這些接觸我愈來愈肯定，「許多經營者至今仍不清楚經營的原理原則」。

來到盛和塾的塾生許多都是企業第二代，繼承家業成為公司的經營者。他們本身雖然相當認真努力，但一旦在家族企業任職，就會因為某些不可抗的因素，被迫接任父執輩留下的職務，或為了延續傳統照著父親過去的作法，依樣畫葫蘆地繼續做下去。當詢問這些繼承人為了擴大公司業務做了哪些努力時，他們多半答不出個所以然。他們可能連如何讓企業營運變好、如何讓公司成長發展的根本道理都不知道。

大企業的高階主管也有類似的問題。在技術開發部、業務部、人事部等

單一部門工作多年的人，一旦被提拔為高階主管，因為缺乏從公司整體發展來思考問題的能力，所以平時也不會去想「這家公司將會如何發展」，只會因襲傳統作法來管理公司。甚至是公司的創辦人，也多半是既沒學過、也沒領悟到「讓公司步上軌道的經營之道」。

我為了讓這些經營者理解並實踐經營中至關重要的原理原則，於是歸納出這十二條經營原則。只要遵守「經營十二條」，無論是小組織或是大企業一定能夠步上成功之路。

這十二條原則看似很平凡，有些人可能會懷疑：「單憑這些隻字片語，真的能成功經營公司嗎？」

然而，這十二條原則我不僅實際應用在京瓷和ＫＤＤＩ的管理上，也在我主導日本航空的重建上，發揮了不容小覷的力量。事實上，當日本航空重建之際，我第一次與經營幹部進行凝聚共識的會議上，主旨就是「經營十二

條」。經營幹部藉由理解這十二條原理原則，卸下了過去的官僚意識，重新養成經營幹部該有的意識和思維方式。隨著這些改變的發生，日本航空的獲利能力也大幅提升。

就像經典作品《論語》一樣，這部作品記載了孔子和他的弟子們的對話一樣，東亞的經典著作不乏以精簡對話的形式，去傳達事物的真理和深層的寓意，並跨越了時代和國境的藩籬，傳承至今。說到《論語》我們馬上會想到貫穿整部作品的，就是「忠孝仁義」這個普世價值。

而這本《經營十二條》則是建立在最基礎也是最普遍的判斷基準上，也就是「生而為人，什麼才正確」的基準，所以我相信這十二條經營原則可以超越行業別與企業規模的差異，甚至跨越國界、文化和語言的障礙，成為放諸四海皆準的觀念。

從京瓷、ＫＤＤＩ、日本航空等大型企業，到舊盛和塾生們所經營的中

小企業，「經營十二條」經歷了無數次來自各行各業的實踐證明，其成效有目共睹。我希望大家相信這十二條所發揮的驚人力量，並認真去理解並實踐這些原理原則，踏上卓越經營之路。

二〇二二年八月

關於本書的構成

本書以「經營十二條」為題，每一條皆以下列方式構成，希望有助於讀者進一步理解與實踐。

◉「經營十二條」演講。

◉ 要點：以條列式整理演講重點。

◉ 補充說明：為了更深入了解演講內容，收錄了稻盛和夫先生在問答環節的相關發言。

第1條

明確事業的目的與意義

——確立光明正大、符合大義名分的崇高目的

高舉「大義名分」之旗才能激勵員工

為什麼要推動這項事業？為什麼這家公司必須存在？我相信每家公司的答案都會不同，但每家公司在推動事業之初，都必須先確立自己之所以推動這項事業的「目的」與「意義」。

或許有人會回答「開始這項事業是為了賺錢」，也可能有人會說「為了養家糊口才不得不開公司」。這些原因都可以，但是光憑這樣的原因，應該很難團結眾多員工去齊心協力。

事業的目的和意義，還是要盡可能朝高層次、高水準的方向設定。換句話說，必須樹立光明正大的經營目的。

如果想要讓員工更加努力工作，就必須舉著「大義名分」之旗來號召員工。人類這種生物，如果沒有以「我在為這個崇高的目的工作」的大義名分

打動對方，他們就很難打心底真正拚命努力地工作。

年輕員工的反叛

我創立京瓷之初，面臨了「事業的目的究竟是什麼」這個問題。當時的我還不知道經營為何物，只知道將京瓷這家公司定位為「利用我所擁有的精密陶瓷技術開發產品，並將產品推向市場」。

在那個時代，學歷、學派比技術更為重要，因此就算實力再強，也很難得到正確評價。我在出社會後的第一家公司，也因此飽嘗有志難伸的失落感。所以當我決定創立一家新公司時，其目的就變成了：終於可以毫無顧忌地將自己的精密陶瓷技術推向市場。身為一名技術人員以及研究者，自己的技術終於有用武之地，當然是一件值得高興的事。

但高興的情緒只維持短短一段時間，就在創業的第三年，我遇到年輕員工的反抗。

公司成立的第二年，我雇用了十名高中畢業的新進員工，他們工作了一年多，就在他們差不多掌握工作訣竅的時候，他們集體帶著類似連署書的文件來找我談判，要求保障自己的待遇，其中列舉了「未來加薪至少要達到某個金額的水平」、「發放的獎金要到多少金額」等要求。

當初我在與他們面試的時候，曾對他們說：「我不知道我能為你們做什麼，但我會用盡一切努力，將這家公司打造成優秀的公司，你們有興趣為這家公司賭一把，和我繼續工作嗎？」換言之，他們都是了解我的願景後決定加入公司的。然而，他們卻在入職僅一年的時間，突然向我遞出談判書，並放話「如果不能保證我們的將來，我們只能離職」。

公司剛成立不久，人力非常缺乏，這些人一進公司就被分配到現場工

作，好不容易培養成具有戰力、能活躍於第一線的人才，說實話如果他們辭職，公司經營上勢必受到不小的衝擊。但我內心暗自決定，「如果他們堅持己見，那我也沒辦法，我只能當作一切重頭來過，回到公司創立初期重新開始」，然後我回答他們「恕難接受你們的要求」。

公司成立才三年，我自己對於公司的未來，也拿不出什麼確切的保證。我只能透過「只要拚命努力，就有機會成功」這樣說法，試著向他們描繪公司的未來。如果為了留住他們，而做出我沒自信能兌現的承諾，那就是對他們說謊，我無法做到這一點。

為員工的幸福殫精竭慮——使命的確立

後來，我與他們進行協商，但在公司未能達成共識，所以我乾脆把他們

帶回家。

我對他們說：「我身為經營者從來沒有想過只要自己好就好，我希望每一位公司的成員，都真心覺得自己的公司很好。我這句話是真是假，各位何不做好可能被騙的心理準備，留下來親自尋找答案？我會不惜一切地保護這個公司、保護每一位員工。如果我不認真經營公司，或是為了私利私慾而做出不利公司的事，屆時各位可以殺了我。」

我們花了三天三夜，和他們推心置腹。員工們最後終於相信了我的話，撤回了他們的要求，並決定留下來，比以前更加努力地工作。

這些造反的員工，後來成為京瓷發展史上重要的左右手。而這次事件，也讓我第一次體認到企業經營的根本意義。

以前的我會以技術人員的角度為出發點，將「向世界展示自己的技術」作為創立公司的目的，同時也把公司的未來想得很簡單，認為「只要全力以

赴工作，公司總能撐得下去」。我在七個兄弟姐妹裡排行老二，我根深蒂固的觀念是：家鄉還有一堆兄弟姐妹要照顧，為什麼我還得對一群沒有血緣關係、剛雇用沒多久的員工保證他們的將來？

然而經過這次事件，讓我從內心深處意識到：員工要求公司保障他們以及他們家人的未來，是天經地義的道理。我才真正明白：「經營企業的真正目的，並不是實現身為技術人員的夢想，更不是讓經營者中飽私囊，從中獲得更多財富，而是去保障員工及其家屬現在乃至於未來的生活。」

同時，我也從這次經歷中學到一個教訓：所謂經營，就是經營者傾注自己所有能力，盡力讓員工在物質上和精神上獲得幸福。經營者必須超脫私心，並高舉著大義名分去經營企業。

這種光明正大的企業目的和意義，才能激發員工真心的共鳴，獲得員工全心全意的幫助，同時也能讓經營者堂堂正正地挺起胸膛，全力投入於經營

之中。

經歷這次事件，我意識到其中道理並從中學到教訓，立刻寫下這句「追求全體員工物質上和精神上的幸福」作為經營的首要任務。此外，為了履行公司所該負的社會責任，我還加了一句「為人類和社會的進步發展做出貢獻」，這兩句就成了京瓷的經營理念。

經營理念

追求全體員工物質上和精神上的幸福，
同時為人類和社會的進步發展做出貢獻。

現在回想起來，京瓷就是在這個時候確立了它的企業使命。我很慶幸在公司剛成立不久的時候，透過這次的事件清楚確立經營理念，也就是創立事

業的目的與意義。從此之後，京瓷以此為基礎不斷擴展經營，我相信這也是促使京瓷發展的根本原因。

進入通信業的使命——大義名分具有強大力量

第二電電（現在的KDDI）的成功也是一樣的道理。正因為有使命感和大義名分的加持，第二電電才能成功進入這個全新領域，即使被認為處於最不利的狀況，第二電電還是抱持強烈的意念一直走到今天。

一九八〇年代後半，隨著通信業的自由化，我曾許下一個心願：「希望日本的大型企業能創立一家能與日本電信電話公司（NTT）抗衡的新公司，兩家公司競爭之下，電信費就能降價了。」然而，由於害怕競爭不過大巨頭NTT，沒有一家公司敢跳進來挑戰這個市場。

再這樣下去，只會讓NTT持續壟斷電信市場。而且我非常擔心：「就算電信市場上出現了NTT的形式上的競爭對手，而不是實質上的競爭對手，那麼當資訊化社會到來的那一刻，日本還是會因為高昂的通信費用而落後於世界。」

因此，身為新創企業的京瓷，毅然決然地站出來，向NTT下了戰帖。第二電電是一家基於「讓國民的通信費用變得更加便宜」的純粹願望而誕生的企業，也就是在大義名分之下創立的企業。

在我創立第二電電之初，曾經召集全體員工並對他們說：

「各位難道不想讓國民的通信費用變得更便宜嗎？能參與這麼崇高的計劃，一定能讓各位的人生變得更有意義。請珍惜這個參與百年難得一見的社會改革的機會，不僅要對此感到榮幸，還要竭盡所能去實現這偉大計劃。這麼做，都是為了社會、為了國民。」

然而，在我們之後，日本國有鐵道公司（簡稱國鐵，即現在的JR）以及日本道路公團和豐田汽車，也紛紛加入戰局。

國鐵擁有鐵路通訊技術，以及眾多的通訊技術人員。如果想要拉出東京、名古屋、大阪之間的訊息傳輸線，只要在新幹線沿線軌道的側溝，設置好光纖即可。而且國鐵還可以透過曾與它合作過的眾多業者，去獲得龐大的客戶群。比起以京瓷為主體的第二電電，在各方面都占盡上風的國鐵，終於決定加入戰局，成立了日本電信公司。

此外，由日本道路公團和豐田汽車的主導下，所成立的日本高速通信公司，有前建設省的強力背書，可利用東名阪高速公路沿線設置光纖，能不費吹灰之力完成通訊的基礎建設。而豐田強大的業務能力，也是一大助力。

我認為這些後起之秀，每一個都不是基於「大義名分」，而是出於「得失考量」，才決定要進入電信產業。

包含第二電電在內的這三家公司，在電信市場掀起了激烈的競爭，不過就在開始提供通信服務沒多久，原本處於最不利地位的第二電電，卻壓倒性地領先市場。之所以會這樣，都是因為第二電電是基於大義名分與使命感去開拓市場，並且以此為基礎激勵全體員工付出最大的熱情、盡最大的努力拿下更高的市場占有率。看到第二電電員工如此努力的身影，代理商和客戶也受其感染，決定給予全面的支持。

最終，這三家新興電信公司之間出現了十分明顯的業績差異，JR最終出售了日本電信公司，而由道路公團和豐田汽車成立的日本高速通信公司，現在已被納入KDDI旗下。

這兩家公司不僅有技術，也有資金，還有信譽，更不乏業務能力。但具備所有優勢條件的這兩家公司並沒有成功，反而只有那個處於最不利地位、高舉著「降低通信費用，讓國民感到高興」此大義名分之旗的第二電電成功

了。然後直到今天，它以ＫＤＤＩ的身分繼續在市場上蓬勃發展。這個例子證明了，建立大義名分，也就是建立使命和理念，可以帶來多麼強大的力量。

日本航空的重建——確立使命，改變員工的意識

日本航空的重建也是一樣的道理。首先我所做的，就是去確立使命。當我在進行日本航空的幹部以及員工的意識改革之際，我不僅要清楚確立日本航空重建本身的意義和大義名分，以便讓每一位員工真心誠意地投入到公司的重建工作中，還要努力展示重生後的日本航空的公司目標，也就是使命。

我之所以會接下重建日本航空的重擔，是基於以下三個理由。

首先第一個理由，是對「日本經濟」的影響。日本航空不僅是代表日本

的企業之一，也象徵著不斷衰退的日本經濟。這樣的日本航空如果面臨二次破產，從此一蹶不振，不僅會對日本經濟產生嚴重的影響，還可能讓國民失去信心。反之，如果能夠重建成功，那麼國民可能會重拾信心，認為：「跌得那麼慘的日本航空都能再次站起來了，所以日本經濟也必能重新復甦。」

其次第二個理由，就是無論如何都要拯救「留在日本航空的員工」。不幸的是，為了使重建成功，不得不讓一定數量的員工離職。但如果日本航空再次破產，那麼離職的人數可就不止這些了，而是所有員工都會失去工作。無論如何，都要保住留下來的三萬兩千名員工的飯碗，我基於這樣的「利他之心」，認為重建工作只許成功不許失敗。

第三個理由，是為了消費者，也就是「國民」。如果日本航空再次破產，日本的大型航空公司就只剩下一家，競爭原理就無法發揮作用。如果競爭原理無法發揮作用，機票價格可能會變貴，服務也可能會惡化，屆時就會

造成國民的困擾。就是因為有好幾家航空公司同時投入競爭，彼此切磋琢磨，消費者才能在低廉的價格下，獲得優質的服務。因此，日本航空無論如何都必須存在。

讓所有員工帶著自豪與成就感工作

日本航空的重建有以上三層意義，也就是，擁有「大義」。正是因為擁有大義之名，我才決定要投身於日本航空的重建工作。

重建工作的第一步，首先，我盡力讓日本航空的所有員工明白，重建日本航空有三個意義（大義）。當所有員工理解，「重建日本航空不僅僅是為了自己，也是為了日本的經濟、為了全體國民的『大義』之舉」，就會全力以赴投入重建工作當中。

與所有員工分享日本航空重建工作本身所具的社會意義後，我也要為大家釐清「日本航空這家公司是為了什麼而存在」，即公司本身存在的意義。於是我將重生後的日本航空的經營目標，設定為「為了追求全體員工的物質上與精神上的幸福」。這取自於前面提到的京瓷的經營理念的一部分，也是我的經營哲學的核心。

對於這樣的經營目標，社會上出現了這樣的批評：「接受政府援助、提供大眾交通服務的企業，以此為經營目標並不恰當。」但是，不論從事何種產業或業態，企業存在的目的都是為了所有員工的幸福。這是我無法撼動的信念，所以我從來沒想過要改變這個目標。

一般人會認為，企業是股東的財產，經營目標就是要實現股東價值最大化。但是，讓全體員工對於自己的工作感到自豪、覺得工作很有成就感，才是經營公司的根本。只要做到這一點業績自然會提高，最終反映在股價上，

股東自然也會滿意。

對外宣誓日本航空的經營目標只有一個，就是追求全體員工物質上和精神上的幸福，這樣的宣誓，給了經歷公司破產和失去同事的痛苦、又面臨薪水大幅下降和勞動條件惡化等種種打擊的員工，莫大的鼓舞和勇氣。

於此同時，許多員工開始將公司重建工作當成自己的事，認為「日本航空是我們的公司。所以我們必須拚盡全力守住公司，使公司變得更強大」。透過公司使命的確立與共享，激發每一位員工的動力，讓員工成為重建工作的主角，我認為這正是導致日本航空重建成功的最大因素。

經營者必須確立光明正大的經營目標，並讓這個目標具有大義名分的意義，進而讓全體員工共享目標，並藉此提高員工的動力、活化整個組織的競爭力。

沒有比它更棒的大義名分了

在「經營十二條」的這個第一條中，我雖然提到「要確立崇高的、具有大義名分的公司目的和意義」，但我卻把京瓷、ＫＤＤＩ以及日本航空的使命，設定為「追求全體員工物質上和精神上的幸福」。換言之，我們專注於「讓員工幸福」這一點上。

或許有人認為這一點與崇高的、光明正大的、具有大義名分的經營理念並不吻合。然而，沒有比懂得愛人、懂得愛員工、希望每個人都能得到幸福這件事更棒的大義名分了。這樣的情操勝過一切，是最崇高、最光明正大的使命。

有些人可能會認為，這個經營理念太過原始且過度簡化，但我認為沒有比「讓全體員工幸福」更崇高的大義名分了。每家公司都有各自不同的經營

目標和使命，但如果你想把公司經營得好，請務必在揭示目標和使命的標語裡，加上一句「以員工的幸福為第一要務」。當你這麼做時，員工一定會付出相應的努力，去表達對這個大義名分的感激。

要點

是否清楚為什麼要從事這個事業，是否確立了事業的「目的」？

事業的目的是否符合「大義名分」？是否光明正大？

是否懷抱「要讓員工幸福」的不可動搖的信念？

是否讓全體員工對工作都懷抱著使命感和成就感？

補充說明

Q1　為什麼經營公司時需要設定目的？

在員工未達一百名的小型家族企業的第二代、第三代中，如果畢業於一流大學，他們通常會說「我不想繼承家業」，然後進入一流企業當起普通上班族。但是，工作了四到五年後，又會因為「父親要我回來幫忙」，或是「父親生病了」等理由回到家族企業。他們通常不會說出回歸家族事業的真正原因：「因為我在一流企業沒有傑出的表現」，而是用這種很膚淺的理由搪塞過去。

這些人回到家族企業後，由於老爸是公司社長，所以自己一進公司馬上就掛上常務或專務等頭銜。此外，如果這些人夠聰明能幹，當他們參加各種社外組織的聚會時，也常被當地人吹捧成了不起的企業家。

不過，當你問他們：「你認為經營公司的目的和意義在哪裡？」他們只會說：「是老爸叫我接掌公司的。」換句話說，他們大多數從未考慮過經營這家公司的目的是什麼。對於這些人，我會這樣告訴他們：

「各位都必須好好經營公司，讓公司獲利。所以各位一定都曾對員工說過『好好加油』這種話。但說出『好好加油』的你，只是因為老爸是社長就當上常務或專務，並不是因為擁有優秀的經營才能才獲得那個職位。所以，站在員工的角度來看，當聽到你說『好好加油』時，只會將這句話解讀成要為了繼承家業的『你』去努力，換言之，認真工作也只是要為了增加你個人的財富而已。

我在這家公司再怎麼努力工作，也不可能成為經營者。拚命奮鬥努力，只是為人作嫁，只是幫創立這家公司的家族成員增加財富。員工雖然沒有明說，但在內心裡卻這麼想著。所以，不管各位對員工說了哪些鼓勵的話，都

得不到員工發自內心的支持。各位想盡辦法去激勵員工，卻得到員工有一搭沒一搭的回應。」

這就是典型的中小型家族企業中，老闆與員工之間的關係。

另一方面，許多透過自身努力而被拔擢為管理階層的員工，也有同樣的問題。這些人進公司後拚命努力工作，最後終於成為管理高層，甚至是公司的第二把手、第三把手，但他們也不曾重新思考過，「我想把這家公司帶往何處」或「公司的經營目的是什麼」等問題。大多數的人還是會以「一直以來都這樣做」的方式，繼續因襲傳統來經營公司。

像這樣，掛上經營者之名的大多數人，其實從來也沒想過：該以什麼為目標來經營公司。

我認為「追求全體員工物質上和精神上的幸福」，就是一個層次非常高的目標，也是具有大義名分的目標。因為此目標不是為了個人，而是為了集

團整體。為了集團整體的幸福，為了實現全體員工物質上和精神上的幸福，我們必須為了工作努力奮鬥。我設立這句標語原本的目的，是為了平息年輕員工的不滿，但我認為它也是一個符合大義名分的目標。

「我父親以前可能沒有這樣做，但只要我接手這家公司，我會將公司的目標改變為：讓聚集在公司的每個人都變得幸福。」

只要你這樣宣示，員工的態度一定會出現一百八十度的轉變。他們一定會對於辛勤努力的你伸出援手，並提供完美的協助。

Q2

符合大義名分的目的能帶來什麼？

在京瓷的經營理念中提到，要追求的是「全體員工」的物質上和精神上的幸福，而不只是追求「社員」的。這是因為我想要讓所有的人都幸福，不

僅僅是員工，還包括身為社長的我，以及每天在現場揮汗作業的兼職人員。

我沒有特意區分經營者和勞動者，只要是從事某項工作的人，都定位為員工，並且我決定：要追求全體員工物質上和精神上的幸福。

儘管這是一個非常基本的目標，但我認為以此作為經營公司的目標，是一件非常棒的事。我甚至認為，這可能是上天賜予我的禮物。

能夠毫無顧忌地追求全體員工的物質和精神上的幸福，是因為這樣的經營目標既光明正大、也很符合大義名分。當大家發現，現在的努力與奮鬥不是為了社長，也不是為了稻盛家族，更不是為了股東，而是為了所有在這家公司工作的員工，為了追求全體員工的幸福才這麼做。那麼大家當然樂於共享這個目標，並且發出「你設定的經營目標是追求我們的幸福，那我們當然大力支持」的共鳴。

我會因為自己對於工作太過熱情在意，而不小心嚴厲斥責員工，但自從

設下了這個經營目標後，我不再對於斥責員工感到愧疚。因為斥責員工不是為了我自己。我終於可以義正辭嚴地對員工說：「我為了你從早忙到晚，忙到粉身碎骨的地步，但你那是什麼態度？請你認真對待工作好嗎！」

現在我可以無後顧之憂地斥責那些不負責任的人，因為我正在為他們盡心盡力工作。這也意味著，公司的目標需要具有大義名分。

Q3

為什麼大義名分是必要的？

開創事業時，經營者不能有「只要自己賺錢，讓員工不眠不休地工作又何妨」的想法。無論什麼樣的企業，都需要高尚的事業目標和大義名分。

在盛和塾的塾生所經營的企業中，有一家在大樓清潔業界努力立下崇高的大義名分的公司。這家公司的目標是「完成具有社會意義的工作，讓信任

我們並將工作委託給我們的客戶，欣然給予我們『清掃後的大樓既乾淨又美麗』的好評」。這家公司的經營者不是為了賺錢而努力經營公司，他設定能讓大家產生共鳴的大義名分，並以此為經營基礎。很多實例證明，許多公司自從確立具有大義名分的目標，就出現顯著的成長，公司變得生氣蓬勃。

不只是經營者，每一個事業部門的負責人也必須為自己的部門，設立崇高的大義名分。只要做到這一點部屬一定會說，「如果我們這個事業部門的成立，是為了實現這麼崇高的目標，那我一定不惜粉身碎骨，也要盡一份力」，或者會說「這個事業有助於社會發展，我的工作不只對家人有益、也對自己有益，為了這樣的工作，我會努力」。

在京瓷，所有事業部門每個月都會查看損益表，嚴格追究「這個月的時間效益不好，沒有產生該有的利潤，為什麼會這樣？」會這樣追究，不只是因為沒有產生該有的利潤，而是因為「我們基於貢獻社會的初衷，去投資這

個具有大義名分的事業，但這樣的成績勢必無法讓此事業好好發展。如果繼續虧損，就無法達成當初所設定的貢獻社會的目的，所以我們需要查明虧損的原因，讓收支達到平衡」。要像上述這樣向部屬說明清楚，不然部屬只會覺得：「你是因為被自己的上司追究業績不佳，才會來追究並遷怒於我。所以部屬當然不會發自內心想要提升業績」。

身為管理者，必須讓所有部屬理解你的真正想法：「為了達成這個事業的大義名分，我們需要利潤來背書。我之所以嚴格要求你們，不是因為追求利潤，而是為了實現大義名分。但是想要實現大義名分，必須讓事業穩固發展、持續賺錢，發展業務，因此我才會對你們如此嚴格。」

如果經營者或是事業部部長認為，自己所從事的工作意義非凡、很有價值，那麼請設立一個與之相符的大義名分。最好這個大義名分，能讓所有員工或部下感同身受，讓他們主動對你提出，「請讓我參與這麼有意義的事

業」的要求。

大義名分是「公領域」的範疇。如果你把事業目的設定為，是為了「私領域」的發展、是為了私利，那麼內心一定會感到惴惴不安。但是如果是為了公共利益，而不是為了自己，人類就會一鼓作氣地努力。就好比說，參與運動會的競走比賽時，團隊成員會為了共同的榮譽而使出渾身解數。人們只要看到「公共、正義、公平、為了社會」等字眼，就像獲得感召一樣，全身自然會湧現力量。

第一條裡的「事業的目的與意義必須明確」，其實不僅適用於事業，也適用於生活。請為自己人生的目的和意義設立大義名分吧，「為了家人而活」就是一種大義。人生不應該只是去追求個人的輕鬆愉快，或生活安穩舒適就好。想要讓自己的人生變得美好，就要添加符合大義名分的目標和意義，並努力去實現它。

第2條

建立具體的目標

——與員工擁有共同的目標

在混沌的時代帶領集團殺出血路

建立具體的目標，它與確立願景有異曲同工之妙。經營者必須高舉「這個組織是朝向某個願景或目標去發展」，並且向集團的每個人揭示此願景或目標。

經營者必須清楚說明方針，像是「組織會朝怎樣的方向前進」，並描繪展望，像是「終點會是怎樣的未來」，然後進一步指示具體策略以引導員工前進。

特別是在經營環境急遽變化、未來不太明朗的混沌時代，經營者提出願景和目標，變得至關重要。在明確的目標下，集結組織裡的每個人，攜手在混沌不明的狀況下殺出一條血路，帶領組織不偏不倚地朝著目標前進，這就是經營者的使命與責任。

在朝著目標前進的過程中，會遭遇各種無法預測的阻礙，但無論面臨任何難題，只要經營者抱持強烈的意志，將組織團結在一起，匯集大家的智慧與力量，總有一天必能開創期望的未來，這是唯一達到目標的路徑。

面對突如其來的狀況如經濟不景氣等，人們往往會感到手足無措，迷失當初設定的願景和目標。經營者一旦顯露出舉棋不定的樣子，就會失去員工的心，員工也不會再追隨經營者的步伐前進。所以無論處於多麼混亂的狀況，都要帶領組織專注朝向唯一的目標邁進。我認為，擁有如此強大的心理素質的人，才能稱為真正的經營者。

持續宣揚偉大願景以激勵員工

回顧過去，當我把京瓷建立成一家精密陶瓷元件的製造商時，它只是

一家小公司，未來會如何發展，誰也無法保證，但此時我卻高舉著願景和目標，不斷抓著員工談論夢想。

「我們製造的精密陶瓷將大大影響全日本，不，應該說是大大影響全世界的電子產業，成為不可或缺的零件。我們應該要把產品賣到全世界才對。

雖然我們現在只是一家鄉鎮工廠，但首要目標，就是讓我們成為這個鄉鎮裡的第一名工廠，成為原町這個地方最好的公司，成為原町第一後，就要接著朝中京區第一的目標邁進。成為中京區第一後，就要接著朝京都第一的目標邁進。成為京都第一後，就要接著朝日本第一的目標邁進。成為日本第一後，就要接著朝世界第一的目標邁進。」

我從公司辦公室是臨時借用的、僅有幾十名員工、年營業額不到一億日圓的京瓷初創時期開始，就一直對員工們煞有其事地談論著公司的恢宏願景：「成為日本第一、世界第一的企業！」

然而現實情況是，就在離京瓷不遠的市電站附近，有一家叫做京都機械工具的公司，主要生產扳手等車載工具。當時正逢汽車產業蓬勃發展，這家公司也搭上順風車，業績蒸蒸日上。

相較之下，京瓷只是一家剛成立的小公司，借了一間木造倉庫就開始營業。因此，當我說出「讓我們成為這個地區最好的公司」的願景時，員工的臉上都會露出懷疑的表情，彷彿在說，「我們怎麼可能成長得比那家機械工具公司還大還好」。

努力不懈地向員工灌輸理念

我雖然不斷向員工訴說我的願景，但在剛開始時，連我自己也認為京瓷不可能真的成為原町第一的公司。

更何況，我還大言不慚地說要成為中京區第一的公司，而當時中京區已經有一家上市企業──島津製作所了，其技術水準之高，在世界上享有美譽，後來甚至還誕生了一位諾貝爾獎得主。京瓷要成為中京區第一，就必須超越島津製作所，這簡直是天方夜譚。

而且，放眼當時的陶瓷業界，已經有日本碍子公司和日本特殊陶業公司等同業先驅存在。它們不僅在技術、歷史和業績上大勝京瓷，而且在人、物、金三方面的管理資源上，也遠遠贏過京瓷。對京瓷來說，它們就像是聳立在眼前的巨人般的存在。

儘管如此，我仍然努力不懈地向員工灌輸「我們要成為京都第一、要成為日本第一、要成為世界第一」的理念。

剛開始，員工仍半信半疑，但在不知不覺中，他們開始相信我所描繪的夢想，並為了實現這個目標齊心協力、不懈努力。

然後，說著說著我自己也開始相信：「這個目標是可以實現的目標」。即使工作環境每天都粉塵飛揚，我也心懷偉大的願景：「首先成為原町第一，最終成為世界第一」，並付出不輸給任何人的努力與創意巧思，集結眾人的力量，讓員工齊心協力朝目標邁進。

結果，京瓷真的成為精密陶瓷業界的世界第一的企業，並以精密陶瓷技術為核心實現多角化經營，發展至今，已經成長為年營業額一兆數千億日圓規模的集團。同時，京瓷在創立超過半世紀的歷史中，從未出現過一次虧損，獲利率也幾乎都維持在一〇%以上。

京瓷持續不斷走在成長發展的路上，而路的起點，就是願景。

憑藉充滿夢想的具體目標，讓員工齊心協力

願景，即公司的目標，它必須充滿了夢想。而在此同時，為了讓願景實現，也必須擬定具體計劃。

所謂具體計劃，比如現在公司每年的營業額是十億日圓，為了達成這個目標，就必須明確設下「明年要創下十二億日圓的營業額」，像這樣具體數字目標。而且，不光只是營業額，連營業利益等數字都必須包含在具體目標內。

更重要的是，這樣的目標必須「在空間和時間上的界定，都非常明確」。目標不能含糊其詞，不能泛指整個公司，而是要將公司分解成各個組織單位，為現場的每個最小組織單位，都設立明確的數字目標，甚至讓每個員工在明確的方針下，都知道自己該達成的具體目標是什麼。

而且，不僅要設定全年目標，還要明確設定「每月目標」。當每月的目標清楚明確了，每天的目標自然而然就會浮現眼前。每個員工都必須確實理解自己每天所扮演的角色，並設定相應的目標。

當每個員工確實扮演好自己的角色時，各個組織單位才能確實達成該組織單位的目標，進而企業才能實現企業的總體目標。同樣的道理，當你確實達成每天的經營目標，日積月累之後，去達成每月的經營目標、每年的經營目標就不是難事。

明確的目標可以凝聚全體員工的力量。反之，目標不明確時，如果又遇到經營者無法指引公司該往哪個方向走時，只會讓員工手忙腳亂，各自朝著不同的方向努力。這樣一來，如同散沙的組織當然無法發揮力量，因為力量被分散了。

不需要中長期計劃——踏實累積每年的努力

其實我認為「不需要制定長期的經營計劃」。在經營的世界裡，基於經營策略去制定五年計劃或十年計劃，這一類的中長期經營計劃，被認為是不可或缺的。而我之所以會認為不需要，因為即使制定了長期經營計劃，也很難實現。

如果制定了長期經營計劃，過程中必然會發生超出預期的市場變動，甚至免不了受到意外干擾，使計劃本身變得毫無意義，最後往往迫使你必須下修計劃、甚至放棄計劃。

如果計劃終究是無法實現，那麼不如一開始就不要制定計劃就好。頻頻下修計劃或者放棄計劃，員工看了只會在心裡暗忖，「反正不達成計劃也無所謂」，所以就算經營者提出崇高的經營目標，或是偉大的經營計劃，員工

還是很難獲得共鳴，提高想要挑戰的意願。

此外，長期計劃常常出現一個問題，那就是即使沒有如期達成銷售目標，但經費和人力成本卻如計劃上評估的持續增加。這可能會導致費用增加，壓縮企業的獲利空間。

自從創立京瓷以來，我向來只制定以一年為期的經營計劃。因為我無法準確預測，未來三年或五年會發生什麼事，但如果是未來一年的事，我比較容易穩穩地掌握和判讀。然後，我再想盡辦法去達成這為期一年的經營計劃。

「今天一整天全力以赴地工作，就能看到明天的模樣；這一整個月全力以赴地工作，就能看到下個月的可能性；然後，今年一整年全力以赴地工作，就能這看到明年的展望。」我就是秉持這樣的想法，不斷努力奮鬥以實現每天的目標、每月的目標以及每年的目標。

管理顧問專家們可能會口徑一致地說：「你那種作法，無法成就大型企業。」然而，我一直以來都是以這種一步一腳印的方式，每年設定具體目標並實現它，然後下一年再設定具體目標再實現它，這樣年復一年地貫徹執行，讓事業不斷成長發展。京瓷就是以這種蝸牛慢爬的方式，一步一步走到今天的成績。

無論企業處於多麼惡劣的經營環境，經營者都應該高瞻遠矚立下願景，並依照具體的經營計劃，穩健地帶領組織去達成目標。我認為，這樣的人才是能夠在混沌的時代，開拓出活路的經營者。

按原定計劃進行，卻只有經費增加——長期計劃的可怕之處

我想很多人都感到非常驚訝，曾在全球市場上呼風喚雨的日本大型電機

製造商，卻在「日本失落的三十年」期間凋零衰落。

這些大型電機製造商都曾描繪偉大的願景，制定長期計劃，建立大型工廠，投資巨額資金。它們雖然為了三年後甚至五年後的未來，進行數千億日圓的設備投資，但不到一年的時間就遇到業界環境丕變，投資的設備變得毫無價值，必須報銷廢棄。不僅如此，還雇用了一批新進員工，加重了財務負擔。每家公司算下來，都出現數千億日圓的虧損。

這些公司即便擁有優秀的經營團隊去預測未來並擬定計劃，也可能做出「我們公司的技術卓越，景氣與市場都值得期待，所以這筆投資沒問題」的誤判。更何況是不懂得判讀未來的經營者，只會讓情況更慘。

因此我才會選擇用蝸牛慢爬的方式來經營公司。當我們落實了今年的計劃，才繼續制定下一年的計劃。以這種蝸牛慢爬的方式，讓京瓷一步一步成長發展到今天的地步。

正如我之前提到的，我不考慮去制定長期計劃的另一個理由是，只有經費增加這件事會照原定計劃進行。

假設你預測「明年景氣會變好」。那麼，由於現有工廠的空間有限，想要增加產線與擴廠，就必須在附近尋找土地，於是你開始思索，「要借錢去蓋一間可以讓產量增加五〇％的工廠」，同時為了擴大業務，必須招攬優秀的新進員工，所以你繼續思考著「要招募更多大學畢業的優秀人才」，好為未來做準備。

然而，當新年來臨時，原本預測會讓業績增加五成的熱絡景氣，並沒有如期出現，訂單絲毫沒有增加。但新設工廠的計劃卻沒喊停，還是持續進行著。因為銀行也核准了貸款，土地的取得也很順利，你因此聽信「趁現在買地比較划算」。與建設公司討論建廠事宜也順利進行，對方一說「趁現在建廠，費用比較便宜」你就沒輒，於是就買地建廠了。而且就如當初所設定的

那樣，優秀的新進員工也如期招募完畢。

換句話說，計劃中只要是會產生費用的部分，都如期執行了。但是，只要是讓收入增加的部分，卻完全沒有按照計劃實現。也就是，營業額未能照預期的增加，只有經費不斷增加。

要付給銀行的貸款利息增加、建造成本增加、人事費用增加等「費用增加計劃」，不會受到景氣變動影響，你什麼時候執行計劃，它就什麼時候實現。但是，接到客戶訂單、提高營業額等獲利的條件，就不是光靠自己就能達成的，這就是長期計劃的盲點所在。

制定長期計劃的結果就像這樣，只有經費按照原定計劃增加，但收入卻未必。因此，我才會避免制定長期計劃。

要點

是否提出願景，並將願景以具體的「目標」揭示出來？

是否描繪對未來的展望，並提出實現展望的具體「策略」？

是否把目標再細分為每個員工的目標、每日或每月的目標？

是否制定「每年計劃」而不是中長期計劃，並確實執行？

補充說明

Q1 設定目標時不可或缺的能力是什麼？

「設定具體目標」是指基於每天的訂單、銷售額、生產、經費和時間等因素，在全年的基礎上去設定每個月的目標，然後逐月達成。身為領導者，必須具備像這樣自行制定計劃的能力。

然而，假設領導者是從人事部門一路升遷上來的人，或者是一直從事半導體技術開發的人，或者是家電部門業務人員出身的人，這些單一背景的領導人，無法在看了損益表後提出「這裡怪怪的，應該要這樣才對」之類的意見。只有有限的部門經驗就當上社長的人，只能把工作交給各個領域的人負責，然後叮嚀他們「好好幹」。

以前我和羅多倫咖啡的社長（現任名譽會長）鳥羽博道，曾透過書信往

來的方式對談，其內容刊載在雜誌的專欄。當時我曾對鳥羽先生這樣說：

「你和我都是從小公司發跡的人。小公司的創辦人必須注意到銷售、製造和技術等所有層面，否則無法把公司經營好。這種經驗的累積，讓我摸清楚公司內部所有業務，所以就算我的公司規模已經達到一兆日圓，我拿起任何報告，還是能馬上理解其內容。如果我以中途入職的方式進入大企業工作，只待過技術部門，然後就一路榮升成為社長，那我即使聽到其他部門向我報告，也不知道該做什麼指示，能讓那個事業部可以由虧轉盈。聽了報告也只是說『哦，這樣喔』，無法發揮經營者該有的能力。」

如果要讓受薪階級的管理人員當上社長，等於是公司的接班人只有有限的部門經驗，那麼在決定讓他成為社長的那一刻起，就必須讓他學習帝王學，然後提醒他：「你要謙卑地向年輕中堅員工虛心請教，每個月轉換不同的部門去學習，一年後所有部門都待過了，如果還是對各事業部沒有基本的

了解，那就不能讓你當社長。」

並且對他說：「接下來的一年是實習。你先去會計部門，從會計入門開始學習。如果你沒能在各個領域好好磨練，就無法成為一個優秀的經營者。你真正握有社長的實權，是在實習完的一年後。」讓他每個月輪調不同部門，從會計部乃至於業務部等各個部門。我認為這是必要的經營者訓練。

Q2 該如何共享目標？

依據經營企劃室所制定的經營計劃，來決定具體的目標，並讓員工去實現它。以上這一套只有自上而下的推行力，簡言之就是「單向通行」的作法，無法集結全體員工的力量。決定具體目標之際，不僅要「自上而下」的推行力，也需要「自下而上」反應力。譬如，在決定某部門的具體目標時，

該部門的負責人以及相關的現場人員，也要一起加入討論，提出「這裡要這樣做，不，應該要那樣做」之類的建議後，再把具體的數字目標定下來。

這樣一來，所訂定的數字目標必能達成。也就是說，具體的數字目標必須讓所有相關人員都能共有共享，才有意義。為了讓所有相關人員都理解到「這是我的責任」，所以在訂定數字目標之際，就應該讓他們參與——這是必要條件。所訂定的目標，必須是讓所有相關人員都去盡力追求才對。

舉例來說，京瓷根據不同的產品劃分出不同的部門，各個部門都採行利潤中心制，需要自付盈虧。然後，當客戶要求「立即交貨」時，員工必須不眠不休地趕工製作。但如果最基層的員工能在制定目標的一開始，就參與進來，即使面對如此緊急情況，他們也會自發性地關心部門業績，並為了達成業績目標而全力以赴。

因此，必須讓員工充分了解公司目前的經營狀況。京瓷會在每個月的第

一天，公布上個月各個部門的營業額和獲利。這一整個月產品賣了多少錢、花了多少經費、產生多少利潤，這些數字都會在下個月的第一天就知道。

這麼做都是為了讓全體員工切身感受到公司的實際狀況。想要實現全體員工參與式經營，不僅要讓員工參與具體目標的訂定，同時也要讓員工即時看到公司實際的盈虧狀態。

Q3 想達成目標時，為什麼需要「經營哲學」？

乍聽「經營哲學很重要」這句話時，有些人可能會覺得很煩，有些人可能會反駁「公司連員工的思想都要管嗎？」因為愛怎麼想、選擇哪種哲學，都是個人的自由。在民主社會中，思想自由是基礎。在這樣的環境下，為什麼我還要向大家勸說「應該擁有這樣的想法」，並大聲提倡經營哲學？會堅

持這麼做，都是有其必要。

基本上，每個人要擁有怎樣的想法、要抱持怎樣的哲學和思想，都是個人自由。但前提必須是，自己要對自己堅信的想法所得到的人生結果負責。換句話說，愛怎麼想是個人自由，而在此同時，每個人所堅信的想法都會帶來某種結果，自己必須承擔這種結果，這就是自由社會的鐵則。

讓我以登山為例來解釋這一點。例如，和家人一起攀登海拔大約一百公尺的小山，也算是登山。相較之下，以高山險嶺為目標的專業登山，也叫做登山。尤其是那些想要挑戰喜馬拉雅山聖母峰等世界最高峰的人，需要熟練的攀岩技術和事先的訓練，當然也需要防災禦寒等專業裝備。只有在這些條件都備齊了，才可能成功征服高峰。

攀登「人生」這座高峰時，也是一樣的道理。首先你必須問自己：我想要攀登什麼樣的山？我希望過著什麼樣的人生？然後，你必須根據攀登目標

做出相應的準備和思考。也就是說，你必須根據人生目標做出相應的準備和思考。

儘管如此，普世價值卻是「我愛怎麼想是我的自由，我說了算」。如果你想要透過輕鬆的想法去過輕鬆的生活，那也無所謂。但你必須接受透過這種想法，你只能登上海拔大約一百公尺的小山丘的事實。實際上來說，這不過是健行的程度，甚至稱不上登山。

往往很多人走到最後才在感嘆：「我的人生不應該只有這樣，我想要過更加精彩充實的人生」。但是，既不努力也不做準備，怎麼可能登上聖母峰？如果你試圖以這種有勇無謀的方式去挑戰高山，只會因此遇難，最終甚至賠上性命。

你要抱持怎樣的想法都可以，但要先決定「想要攀登什麼樣的山」。你希望過怎樣的人生？工作方面，你希望一直待在中小型公司？還是要以進入

大公司為目標？無論如何，首先要決定自己要攀登哪種山。

如果你想把公司變成「與世界頂尖的大企業並列的優秀公司」，那麼單憑不成熟的想法、哲學與思想，是不可能達成目標的。如果想朝那樣的高目標前進，就需要層級更高的「經營哲學」為後盾。

我一點也不想讓自己的公司，變成一個擁有不可靠的思想、虛有其表的公司。所以，如果我的員工執意要推行不符合公司多數人的福利，任性的想法時，我都會勸他們，去找一個願意接受自己任性想法的公司工作。

身為管理階層的各位，不要只是強加灌輸員工「那種想法不好，必須要這樣想才對」，必須要清楚告訴員工「為什麼這種思想是必要的」。

當管理者向員工解釋，「我們公司正打算要攀登這座高山。為了達到這個目標，每個員工必須做好攀登高山的行動準備，以及相對應的策略」，我想員工們應該能理解才是。

每當我向中小企業的經營者講述經營為何物時，我的開頭第一句都是：「你想攀登什麼樣的山？會因為目標都不同，需要不同的思考方式。」

企業規模的大小，受限於經營者格局的大小。因此，不單是經營者或高層幹部，也包含基層員工，舉凡所有隸屬於公司的所有人員，都必須不斷提升自己的格局。之所以要學習經營哲學，就是為了提升一個人的格局。

第3條

胸懷強烈的願望

——擁有能滲透到潛意識的強烈且持久的願望

願望的強烈程度是成功的關鍵

我一直認為，在心中清楚描繪出的每件事，最終都能實現。換句話說，「無論如何都要實現」的願望的強烈程度，是左右成功的關鍵。

因此，我才會把「胸懷強烈的願望」的真諦納入第三條，並以「擁有能滲透到潛意識的強烈且持久的願望」作為副標。當你能驅動自己的潛意識，就能讓公司的經營更上一層樓。

什麼是潛意識？據說人類有「意識」和「潛意識」。我現在是透過意識向大家演講，大家也應該是透過意識在聆聽我說的話。換句話說，意識是指清醒的意識，每個人都能自由自在地運用。

相較之下，潛意識通常沉睡在意識的深處，不會表現在表面上。我們無法按照自己的意願去控制潛意識。

根據心理學家的說法，潛意識的容量遠大於意識，我們從出生到死亡所經歷的、所目擊的、所感知的一切，都被積累在潛意識中。日常生活中，我們時不時地會在不自覺的情況下，利用了這個潛意識。

舉個我經常提到的例子，那就是駕駛汽車。剛開始學開車時，我們會用頭腦去開車，例如「用右手握住方向盤，用左手操作檔位，用右腳踩油門和剎車」。也就是說，我們利用意識去專注於駕駛。

然而，隨著開車熟練度的提高，我們可以在不經大腦思考的反射情況下開車，也可以一邊想別的事情一邊開車。為什麼會這樣？因為在我們不斷重複利用表意識去開車的過程中，這項技能逐漸滲透到潛意識，而在不自覺的情況下，我們的潛意識就適時冒出來操控我們的手腳。

透過重複的經驗去利用潛意識

下列兩種方法可以自由自在地利用潛意識。

第一種方法，是經歷強烈的衝擊。當我們經歷難忘的體驗或接受強烈的震撼時，這些印象在進入潛意識的同時，也會隨時回到意識中。

例如，據說人在面臨死亡之際，腦中會像走馬燈一樣，浮現過往的一幕又一幕。人生走馬燈的播放時間只有短短幾秒，卻將這一生發生的點點滴滴，透過宛如電影膠卷播放出來，而播放的每一幕，就是儲存在潛意識的記憶，因為面臨死亡的巨大衝擊，讓潛意識與表意識破除了藩籬，潛意識才能傾巢而出。

不過，這樣的強烈衝擊，並不是你想要得到就能得到的。

而第二方法，就像駕駛汽車的例子一樣，是透過反復的經驗。透過一再

重複又重複的經驗，經驗會化為潛意識，而這樣的潛意識是可以被利用的。

舉個例子來說，當你設定「營業額要達到多少多少」、「利潤要提高到多少多少」的經營目標時，從早上起床到晚上就寢，不分白天黑夜，隨時隨地只想著要達到這個目標。然後，你不停地去想、強烈地去想的願望，就會進入你的潛意識。

這樣的你，因為進公司還有很多案子必須處理，不可能二十四小時一直只想那個目標，但只要那個目標進入了你的潛意識，就算你在思考別的事情，「營業額要達到多少多少」的強烈願望還是會適時地冒出來，讓你自然而然地朝著那個方向前進。

強烈的願望讓你不錯過任何瞬間的相遇

假設各位經營的公司打算進軍一個全新的事業領域。由於這個領域過去不曾涉略過，所以公司裡並沒有相關專業知識和技能的人才。但是，因為你非常想要進軍這個領域，每天不停在腦海中反復模擬進軍後的狀況，終於，這麼強烈的想法滲透到你的潛意識裡了。

然後某一天，當你在酒吧喝酒時，聽到隔壁傳來陌生人的對話。仔細一聽才發覺，他們正在談論自己一直想進軍的領域的事情，說話的人正是那個領域的專業人員。

於是你不假思索地湊上去搭話：「抱歉打擾了，我剛才不小心聽到你們的對話……。」這就是緣分，雖然不認識也不曾見過對方，卻邀請他加入你的公司，也以此為契機展開了新事業。這樣的事情時有所聞。

我也有過類似的經歷。那是一九八三年夏天發生的事。當時京瓷只是一家位於京都的中堅企業，正在考慮該不該進軍國家級的電信事業領域，就在這個時候，我擔任副會長的京都商工會議所，邀請了ＮＴＴ的技術主管來演講。這次的機會，讓京瓷的計劃瞬間取得了進展。

照理說，我和前來演講的ＮＴＴ技術主管見到面的機會，本來就很渺茫，但是因為我的潛意識已經深深植入了這個強烈願望，所以我沒有錯過這一瞬的相遇，成功抓住了這個難得的機會，讓電信事業有了成功的開始。我想成功就是這麼來的。

想要做到這一點，必須不斷反復地強烈地去想去渴望，並讓身體與心靈全心全意投入在去驅動表意識運作的過程中。如果你的想望只是輕描淡寫的、隨便處置即可的，那麼絕對無法滲透到潛意識中。唯有持續抱持如熊熊烈火般的強烈想望，你才有可能藉此去利用你的潛意識。

重建日本航空所抱持的強烈願望

同樣的事情也發生在日本航空的重建上。我於二〇一〇年二月正式接下日本航空會長的重擔，當時企業再生支援機構已經制定了日本航空的企業再生計劃。

計劃的主要內容包括：大幅減少債務、裁員一萬六千名員工、減薪二〇%到三〇%、國內外航線縮減四〇%、淘汰大型飛機等，並希望透過這些措施，達到第一年六百四十一億日圓、第二年七百五十七億日圓的營業額，第三年重新上市，並還清向企業再生支援機構借來的資金。這些規定如此嚴格、內容前所未聞，所以許多媒體都斷言：這是一個不可能實現的計劃。

然而，剛接下日本航空會長這個燙手山芋的我，出於無論如何都要達成這個再生計劃、無論如何都要讓日航重建成功的強烈想法，在就任會長的典

禮上，對日本航空全體員工提到了下面這段話：

新計劃的成功，在於一顆不屈不撓的心。

然後接下來，就剩心無旁騖地去想，崇高地、堅定地、一心一意地想著目標。

這段話是過去京瓷在制定新的成長策略並準備努力實踐之時，所採行的管理口號。它的意思是「成功實現新計劃的關鍵在於，無論發生什麼事也絕不屈服的堅忍不拔的心。因此，如果不能專心致志地懷抱著崇高且強烈的渴望，就無法實現計劃」。

這個口號也被套用在日本航空的重建工作上。口號裡的「新計劃」在這裡就是事業再生計劃。為了實現這個計劃，涉及日本航空重建工作的每個

人，都必須擁有「一顆不屈不撓的心」，換句話說，就是無論發生什麼事，也絕不屈服的專注並堅持的心。此外，還必須不停懷抱著純粹而強大的想法，以及強烈的渴望。

我向日本航空的全體員工表達了：想要成功推行再生計劃，大家必需要具備以上的心態。我命人在各個工作場所張貼這個口號的大字報，甚至在公司社刊的封面上，以最大字體揭示，這個口號後來儼然成為，落實事業再生計劃的精神指標。

同時，我也在連日的會議上呼籲大家，依循這個口號的精神，不論遇到什麼困難，不論多麼辛苦，我們都要共同攜手走向重建之路。如此一來，無論如何都要實現事業再生計劃的不變的決心和強烈的願望，就不是我個人的決心和渴望，而是整個集體共同的決心和渴望。

這樣的日本航空，不僅達成了每個人都不看好的事業再生計劃目標，還

不斷地刷新業績紀錄，終於在二〇一二年九月重新上市。

當你想要實現的目標愈困難、愈崇高，你就需要抱持愈強烈的願望。我希望各位務必把目標設得更高一點，並為了實現那個目標，而持續抱持著強烈的願望。

要點

你想要實現目標的「願望」有多強烈？

你是否持續強烈地去想，直到想法滲透到你的潛意識？

你是否一直不斷地抱持願望，以免錯過任何一個機會？

你是否能讓組織裡的所有人共享共有這個純粹而強烈的想法？

補充說明

Q1 為什麼抱持願望很重要？

各位可能會覺得我的觀點不夠務實、太過著重精神層面，但其實說得極端一點，我甚至認為心中的想法和願望，可以決定我們的人生。你一路走到現在人生，都是你在心中描繪過的模樣。

然而，有些人卻習慣把自己的人生交給他人來掌控，不認為自己的人生由自己創造，誤以為是因為外在種種原因才形成現在的人生，但其實並非如此。就是你的心招喚了一切，就是你的想法造就了現在的你。

這意味著，心裡抱持著什麼想法才是關鍵。

這讓我想起了一件事。那是我剛創立京瓷不久時發生的事。當時還不懂經營為何物的我，買了松下幸之助先生所著的小冊子《ＰＨＰ》來拜讀，並

讓員工們輪流傳閱，希望盡可能地藉此了解經營的全貌。

剛好也在那個時候，幸之助先生舉辦了一場講演。我決定排除萬難也一定要去聽，所以趁著工作空檔趕去參加，但因為現場沒有座位，我只能站在最後面聽他演講。

幸之助先生講述了「水壩式經營」。他說：「下雨時，將雨水儲存在水壩中，以防止洪水；日曬強烈時，釋放水壩裡的水，以防止缺水。企業經營也是一樣的道理。景氣好的時候很賺錢，就應該把這些錢存下來，為景氣轉壞時作準備。經營公司必須像水壩一樣，做好萬全準備才能游刃有餘、從容寬裕。」

講演結束後，有一位年長的聽眾提出了疑問：「我認為幸之助先生的演講非常精彩。不過您提到要落實水壩式經營才能從容寬裕，但我經營公司到現在，從來不曾從容寬裕過。要怎麼做才能態度從容、經濟寬裕地經營公

司？如果您不能具體說清楚，對我們來說就沒有任何參考價值。」

幸之助先生被這麼一問，一度陷入了沉思。如果我是幸之助先生，可能會回答：「我其實也不知道具體該怎麼做，我自己也很想知道。」而幸之助先生停頓了一下，然後做出以下的回答：「就是要不斷這樣想才行。」

他接著解釋，必須不斷地想著：「我想要態度從容、經濟寬裕地經營公司。」你可能會以為光是想又成不了事，但其實不然。首先要有這樣的想法，想法才是最重要的。

幸之助先生想告訴那位聽眾的道理其實是：「你之所以做不到，是因為你認為你的想法沒有意義。一切都是從冒出了這個想法開始的。當你想要達成某種狀態，你應該會想盡辦法去實現它。所以，首先要在心中深植這個想法才行。」

基本上，你從沒有想過的事情，你也不可能做到。思考塑造了我們的人

生。正因為我們冒出某個想法，才會將想法付諸行動、付諸言語。我們做出的一切結果，都是由我們的想法推動。

Q2 想法一定能實現嗎？

一九八二年，京都陶瓷股份有限公司以「京瓷股份有限公司」之名，重新出航，當時我在公司裡提出了一句經營口號。

新計劃的成功，在於一顆不屈不撓的心。

然後接下來，就剩心無旁騖地去想，崇高地、堅定地、一心一意地想著目標。

這是不斷宣揚積極思考的重要性、已達開悟境界的瑜伽大師中村天風先生，針對達成新計劃或新目標之際需要具備何種心態，曾提到過的一句話。

中村天風先生還接著說道：

假使你在人生之路的途中被波濤洶湧的命運所吞噬，甚至不幸被病魔所折磨，也不要放棄夢想，也不要感到害怕。

這句話的意思是，即使在半路遭遇命運的作弄，即使不幸降臨身上，或者受到疾病的折磨，也要堅定不移地想著我要成功。絕對不能陷入煩惱、痛苦、害怕的情緒之中。也就是說，對於自己是不是能達成新計劃或新目標，不能有絲毫的懷疑。必須要消除一切的猶豫與不確定。

很多人即使想著「我要這樣做」，卻又馬上出現「不過要滿足這些條件

有點困難……」的消極想法。但是，「我要這樣做」的想法，絕不能被任何一絲的陰霾遮住光亮。挑戰愈困難的課題時，愈要堅定信念。當你稍有「這很困難」的想法冒出時，就絕不會成功。必須不管發生什麼事，都堅信自己會達成目標才行。

絕對不要說出「我雖然這樣想，但實際上要做卻很難」之類的喪氣話。一旦冒出這類自我懷疑的想法，必須立刻消除它。

你只需要心無旁騖地相信自己的可能性，然後心無旁騖地想著非得實現它不可就好。不需要擔心任何事情。人類思想所潛藏的強大力量，遠遠超越我們想像。首先不要有任何疑慮，只要持續抱持「無論如何都要實現它」的強烈想法即可。

當然，只是坐著想，也不可能讓一切實現。當你的想法很強烈，接下來還必須堅定且持續地付出「不亞於任何人的努力」（本書第四條），這樣必

能讓想法變成現實。

Q3 不只強烈還很崇高純粹的思想是什麼？

心懷強烈願望時，態度不僅要強烈，願望本身還要是正直、純潔。就如同中村天風先生所說的，「接下來就剩心無旁騖地去想，崇高地、堅定地、一心一意地想著目標」，只要心懷高尚純粹的想法，接下來要做的，就是心無旁騖地、一心一意地持續不斷想著它。

這個道理，當我拿創立第二電電（現在的KDDI）時發生的事情為例，相信大家就能理解。當時沒有資金也沒有技術的第二電電，唯一有的，就是「為國民提供便宜的通信費」這麼單純的想法而已。

「日本的電話費與網路費非常貴。如果不降低這些費用，在接下來即將

到來的資訊化社會中，國民將承受巨大的負擔。想要降低因NTT獨占市場而造成的居高不下的通信費用，就必須讓市場出現競爭對手，透過正常的市場競爭機制來降低通信費用。」

日本是一個畏懼強權的國家，其中也包含畏懼強大的民意。正因為如此，我才會冒出「一個容許市場被壟斷的社會，通信費用永遠不可能變便宜。必須落實正常的市場競爭機制，通信費用才可能降低」的強烈想法，然後起了創立第二電電的念頭。

然而，我並沒有馬上表明要進軍電信產業的想法。我接下來花了將近半年的時間，不斷嚴厲地質問自己：「你進軍電信產業的動機是否良善？難道沒有一點私心嗎？」

「你打算以地方中堅企業的京瓷為母公司創立第二電電，這個想法單純是出於為了讓國民減少通信費用負擔的動機嗎？你難道不是在譁眾取寵，為

了自己的地位名聲在打算？你的動機是善良的嗎？沒有一點私心嗎？」

我像這樣不斷地嚴格質問自己將近半年的時間，最後終於確認，自己內心的想法的確是純粹而正直，沒有一點自私的成分。於是，我終於對外宣告我要創立新興電信公司，加入電信產業的戰局。

我創立第二電電時才五十二歲，當時京瓷的營業額大約只有兩千兩百億日圓的規模。這麼一家位於京都的中堅企業，竟然要與營業額達好幾兆日圓的ＮＴＴ宣戰，難怪大家常常笑稱我是「唐吉訶德」。

然而結果讓人跌破眼鏡，被認為一定會成功的另外兩家競爭對手，最終落敗了，而被評為可能會倒閉的第二電電，則以ＫＤＤＩ之姿重生，取得了巨大的成功。之所以會成功，祕訣只在於我捫心自問「動機善良，沒有私心」，創辦公司的動機，完全是出於「為了降低國民的通信費用負擔」，就這麼單純並且持續不懈地一心一意地努力經營。

我崇高純粹的動機和心無旁鶩的努力，得到了第二電電的幹部們以及員工們發自內心的認同，讓他們不惜粉身碎骨也願意努力工作。不僅如此，代理商以及合作夥伴也深受感動，決定竭盡全力來支持我們。甚至於，身為我們的客戶的一般大眾，也熱情地支持著第二電電。

在這裡分享一個題外話，當我創辦第二電電時，我手上連一張公司的股票也沒有。因為我認為，若我確實是「動機善良，沒有私心」，並以此為出發點創立公司，就不應該持有任何一張公司股票。如果我持有公司股票，那麼在公司成功上市後，我就會擁有一筆巨大的財富，這樣創辦公司的動機就不單純了。

我是直到公司上市後，才從股票市場買入一些公司股票，因為我當時在想：身為第二電電的會長的我，手上竟然連一張公司的股票也沒有，會不會太不像話了。

各位或許會覺得不可思議，怎麼可能因為這麼單純的動機，就讓事業成功，但第二電電的成功就證明了這一點。當我接觸到下面這句話時，又讓我再次感受正確純粹的強烈想法，加上心無旁騖的持續努力，會產生多麼強大的力量了。

「純潔的人比起汙穢的人，更容易實現眼前的目標和人生的目的。即使在汙穢的人害怕失敗而不敢跨足的地方，純潔的人也能輕易地邁開步伐、踏進去，然後輕而易舉地取得勝利。」

這句話出自於二〇世紀初期活躍於英國的啟蒙思想家詹姆斯．艾倫（James Allen）。當我看到這句話時，我驚訝於竟然有這麼一句話，可以把我真切的感受，絲毫不差地表現出來。

NTT作為壟斷市場的大企業，自明治時代以來一直花費著國家預算去鋪設全國電話網絡。站出來跟這樣的NTT老大哥競爭，是非常不智的，也

是非常有風險的，所以沒人願意去冒這個險。然而，我就像唐吉訶德一樣，貿然跨足這個領域，並取得了成功。

詹姆斯．艾倫大師一針見血地把我的體會以文字表現出來，讓我很感動。換句話說，想法可以化為現實，當這個想法不僅強烈而且正確純粹的時候，成功化為現實的機率就更大，而且這樣的成功是長久的、不斷持續下去的。這個真理藉由我自己的人生經驗得到了證明，也成為我堅定的信念。

第4條

付出不亞於任何人的努力

——一步一步、踏踏實實、堅持不懈地做好基礎且平凡的工作

全力疾速跑完馬拉松

我認為通往成功的路是沒有捷徑的。努力才是通往成功的王道。京瓷能在短短半個世紀的時間內，就取得今天的成長和發展，除了努力之外，別無他因。

但是，京瓷所付出的努力，並不是普通的努力，是一直積累著不輸給任何人的努力。這種「不輸給任何人」的努力至關重要。如果沒有付出誰都無法擊敗的努力，就無法引領企業成長和發展。

京瓷創立初期，既沒有自己的資金，也沒有足夠的設備，更沒有經營管理方面的經驗和實績。唯一有的是付出無窮無盡的努力，不分白天黑夜，一心一意投入在工作之中。

員工們日復一日地專注於工作，忘了自己什麼時候回家、什麼時候睡

覺。直到有一天，每個人都被折磨得筋疲力盡，於是有員工開始發出，「如果工作再繼續這樣不按規定來，身體肯定會吃不消」的聲音。

不只是員工，我自己也過著非常不規律的生活，不僅睡眠時間很短，還沒有固定的用餐時間。我曾想過這樣的日子不可能長久，但我還是召集了公司幹部，告訴他們下面這段話：「我不太懂企業經營是什麼，也許可以把它比喻為長距離賽跑，就像馬拉松一樣。如果是這樣的話，我們就是一個素人集團，第一次參加馬拉松比賽。而且，我們是後到的參賽者，已經遲了大家一步才加入賽事。前面的大公司形成了領先集團，他們已經快要到達賽道的中途了，而我們這群既沒經驗也沒技術的素人跑者，落後了整整半圈。如果我們以普通的速度去跑，絕對不可能贏得比賽。所以，我們從一開始就要使盡全力去衝刺。

大家可能會認為這樣的做法很冒失，身體可能會無法承受。的確，用跑

百米賽的速度去跑完四十二．一九五公里的全程馬拉松是不可能的，大家當然會這麼想。但如果素人跑者只以普通的速度慢慢往前跑，只會讓領先集團遙遙領先，不僅不能贏得比賽，還會拉大與領先集團的距離。所以我認為要以短跑衝刺的心態全力以赴去跑，才能一決勝負。」

我一直都用這段話去鼓勵員工，讓京瓷全體上下全力以赴在競爭的道路上奔跑。

「做我該做的努力」不能在激烈的企業競爭中勝出

結果，京瓷一直不斷發展壯大，至今從未停止過。

我永遠不會忘記創業十二年後的一九七一年，京瓷成功在股市掛牌上市的那一天。當時，我把所有員工聚集在工廠的空地上，一邊流著感動的眼淚

一邊對他們說：「如果我們以跑百米賽的速度去跑馬拉松，你們和我一開始都會以為，這樣跑，跑到一半不是倒下就是掉隊。但是，與其打一場沒有勝算的仗，不如在短時間內全力以赴地去衝刺。我們只要像這樣邁開腳步，全力奔馳，不知不覺中，就會養成衝刺的習慣，並且一直維持著這麼快的速度繼續跑下去。

然後，我們開始發現，跑在我們前面的選手並沒有我們想像中的快。跑著跑著，我們甚至看到了領先集團的背影。於是，我們更加努力地加速狂奔。現在，我們已經超過了第二名的集團，並且發現產業界第一名的集團，已經在我們視線範圍內。所以，我們是不是應該保持這種速度，繼續去追趕跑在最前頭的集團！」

像這樣，在馬拉松賽事裡全力疾速的衝刺，就是我所謂的付出不亞於任何人的努力。

如果問企業經營者：「你有努力嗎？」他們通常會回答：「我已經盡力了。」但是，經營企業等同競爭。如果競爭對手比自己更加努力，自己的不上不下不到位的努力，是無法獲取成功的，只會在競爭市場中節節敗陣並走向衰退。

「做我該做的努力」這種程度的努力，並不能讓公司成長。只有「付出不亞於任何人的努力」，才能在刀光血影般激烈的企業競爭中脫穎而出，持續成長和發展。

每天不斷付出不亞於任何人的努力

還有一個重點是，必須每天不斷付出不亞於任何人的努力。換句話說，任何偉大的成就都是由持續不斷的踏實努力，一步一步積累而來的。我們絕

不能忘記這一點。

京瓷的發跡，是從供應松下電子工業公司，所需的電視映像管用精密陶瓷零件開始。當時，這是一種只有京瓷能生產、製造起來非常困難的產品，卻僅僅以每個九日圓的價格賣出。京瓷生產了數萬個、數十萬個這樣的產品，交貨給松下電子工業公司。

精密陶瓷雖然是先進的材料，但它與陶器瓷器等燒製而成的器皿，其生產過程相同，並沒有獨特之處。它一樣是藉由將原料粉末塑形，並放入高溫爐中反覆燒製，就能生產出的產品。

如果一家公司再怎麼努力，都只能製造出每個只值九日圓的廉價產品，去供貨給大型電機製造商，那麼這家公司還有什麼前途可言。大家會這麼想無可厚非，但請各位回顧一下，那些現在依舊持續成長茁壯的大企業的歷史。你會發現，它們的成長史中不乏這種小生意，透過小生意的不斷累積，

持續發揮創新與巧思，堅持不懈地付出踏實的努力。不可能一開始就做成一大筆生意。

企業之所以能成長發展，道理其實很簡單。就是一步一腳印地踏實工作，付出不亞於任何人的努力，堅持到最後永不鬆懈。

我希望大家能理解這一點，並持續三百六十五天，不間斷地付出不輸給任何人的努力。當各位持續付出不亞於任何人的努力，必使公司成為您想像不到的偉大企業，同時也使身為經營者的自己的人生，變得愈發豐富精彩。

要點

你是否不思「努力」，就想尋求成功的捷徑？

你是否付出了「不亞於任何人」的努力，而不是「我該有」的努力？

你是否率先付出了「不亞於任何人」的努力？

企業是否持續進行著踏實的努力，一步一步每天不斷地前進？

補充說明

Q1 努力的祕訣是什麼？

經營企業方面，最重要的一件事就是，領導者和管理階層付出「不亞於任何人的努力」。我認為這一點足以決定公司經營的成敗。

即使在景氣不好的時候，仍有許多經營者不埋怨，選擇拚命努力。一般來說，當景氣不好時，很多公司會滿腹牢騷、抱怨世事不公，但仍有許多公司在拚命努力，認為「必須想辦法解決問題」。這樣的公司非常穩健，即使稍微遭逢不景氣的打擊，也不會因此亂了方寸。

此外，翻閱偉人傳記時可以發現，那些偉大的發明家和發現家，清一色都是長時間做著枯燥的工作、一步一步踏實走來的人。藝術家和工匠也都是這樣的人。

終其一生埋首於基本的、單調的工作的人，都會變成了不起的人。換句話說，付出不輸給任何人的努力，可以將「平凡的人」變成「非凡的人」。

像我這樣沒有經營才能的男人，該怎麼做才能成為一個優秀的經營者？想要將「平凡的人」變成「非凡的人」，就需要持續不懈地付出努力。一輩子都在進行著這樣的努力的人，最終就會得到大師或達人的美譽。

當我意識到這一點後，我開始不厭其煩地付出不亞於任何人的努力，一直持續到今天。

以我的情況來說，我能做的只是繼續不斷地付出努力。後來我也得出了一個結論——只要我滿腔熱情地、持續做著基本而枯燥的工作，我就會愛上這份工作。

明白了這個道理的我，開始變得從早到晚不停地工作，不放過任何一刻工作的機會。從旁觀者的角度來看，可能會覺得「為什麼你要這麼努力工

作」，把我看成一個可憐蟲。但是，因為我已經愛上了這份工作，已經完全對工作著迷，所以我甘之如飴。正是因為我對工作如此著迷，才會促使我不停向前奔跑，直到今天。

俗話說得好「有情人千里相會不嫌遠」。當你深深愛上一個人，就算要走千里的路去會一面，你也不覺得辛苦，只會覺得走千里如同走一里那樣簡單。在漫長的工作過程中，能讓你持續努力的原動力，就是「喜歡工作」的初心。當你愛上工作、為它著迷，即使是看似辛苦的事情，對你來說也不再那麼辛苦了。

注意到這一點的我，向年輕人闡述了這個道理：「想要付出不亞於任何人的努力，是有祕訣的，那就是去喜歡現在正在做的事情，努力地喜歡上它。當你愛上你的工作，即使外界看來是讓你吃足苦頭的工作，實際上對你來說，也沒有那麼辛苦了。」

Q2

努力和能力，哪個重要？

想要在人生和工作中獲得成果，「能力」是必不可少的。但真正能讓你創造出非凡成就的，不是能力，而是像傻瓜一樣的「熱情」和「努力」。甚至可以說，去認為向來被大家低估的「熱情」和「努力」才是厲害之處，這樣的「心態」非常重要。

我認為，「能力」、「熱情（努力）」和「心態」這三個要素，足以組成一個能為人生和工作計分的方程式。就像下面所列的算式一樣。我認為人生和工作會得到幾分，都是由這三個要素相乘來決定。

人生、工作的結果＝心態×熱情×能力

按照這個方程式來看，就算能力只達及格的六〇分，只要有八〇分的熱情努力，就可以獲得四千八百分的結果（六〇分×八〇分）。如果再加倍努力，讓熱情分數拿到九〇分，那麼就可以獲得五千四百分（六〇分×九〇分）的美好結果。

另一方面，即使是擁有九〇分能力的頂尖大學畢業生，如果因為自己夠聰明而只付出三〇分的努力，那麼就只能獲得兩千七百分（九〇分×三〇分）的結果。

此外，這裡還加入了「心態」因素。心態分數從負一百分到正一百分來算。因此，如果你是以嘲諷的、負面的態度去看待事物，或是以利己的、自私的角度去展開生活，那麼你在心態分數上就會得到負數分。一旦出現了負數分，就算其他因素的分數再高，相乘之後的結果，依舊還是負數。

根據這個方程式，我會努力讓自己人生和工作的結果得到正數分，並且

盡可能取得高分。就算我缺乏一些能力，只要我保持熱情和努力，並採取積極的心態，就能得到出色的結果。

Q3

領導者應該犧牲自己嗎？

當你付出了不亞於任何人的努力，很可能會把工作當成生活的全部。這樣的感受我也曾有過。我曾覺得自己的人生過得捉襟見肘，既沒有個人嗜好，也不曾玩樂享受，生活算起來挺悲慘的。當我被這個負面思想籠罩的時候，一句話舒緩了我遺憾的情緒，讓我得到治癒。

這句話是二十世紀初期的英國思想家詹姆斯·艾倫所說的話。當我覺得自己因為工作失去了很多重要的東西時，他留下了這句話給我：

無法成功的人，就是完全無法犧牲自己慾望的人。

換言之，不願意犧牲自己的慾望的人，無法取得成功。詹姆斯・艾倫更進一步這樣說：

如果你想成功，就必須付出相當程度的自我犧牲。
如果你想取得巨大的成功，就必須付出巨大的自我犧牲；
如果你想取得前所未有的巨大成功，就必須付出前所未有的巨大的自我犧牲。

詹姆斯・艾倫的這席話，安慰了我從玩心最盛的年齡，就被迫自我犧牲的失衡感，讓我覺得一切的犧牲都是值得的，因為我如此犧牲，才能成就事

物、獲得成功。

「原來如此啊。京瓷公司之所以能夠取得這麼大的成功，都是因為每一個員工做出了這些自我犧牲，犧牲的代價便是，讓公司得以成長茁壯成今天的樣子」我如此確信著。

第5條

追求銷售最大化、經費最小化

——量入為出，不強求利潤，利潤自然隨之而來

不採行「加法式經營」

創立京瓷之初，我沒有任何管理的經驗與知識，也不了解什麼是企業會計。我只是一味地叫負責公司會計事務的課長，幫我好好盯著。到了月底，我抓著這個人問「這個月的收支情況如何？」時，他卻用一堆專業的會計術語回答我，讓理工出身的我，聽得一頭霧水。

很受不了這種情況的我，只對他丟下了一句：「總之銷售額減去支出的經費，剩下的就是利潤。所以，只需要做到營收最大化、成本最小化就可以了。」

我的這番解釋，可能會惹怒一票會計的專業人士。但自從那一刻開始直到今天，我一直把「銷售最大化、經費最小化」當成經營公司的大原則。這是原則雖然非常簡單，但透過一心一意地貫徹並實踐這個原則，京瓷才能成

為一家擁有高獲利體質的優質企業。

眾人所認為的經營常識，可能是：當營收額增加，成本也必須隨之增加。但實際上並非如此。重要的心態是，不能被「營收增加，成本也會隨之增加」的錯誤「常識」牽著鼻子走，而是要持續保持創造性思考，去找出讓營收最大化的同時，成本也能做到最小化的方法。擁有這樣的心態，才能創造出高獲利企業。

例如，假設公司現在的銷售額是一百，並且擁有相應的人力資源和生產設備。當訂單增加到一百五十時，通常的情況下，公司會試圖增加五成的人力和五成的設備，以達成一百五十的生產。

這種「加法式經營」，並不是絕對必然的解套方法。當訂單增加到一百五十時，應該去提高生產效率，將原本應該增加五〇%的員工數量，抑制到只增加二〇%或三〇%。通過這番操作，就可以實現高獲利的企業體

質。在公司處於訂單增加和銷售擴大的成長階段，正是培養公司的經營體質、讓公司成為高獲利企業的千載難逢的機會。

然而，大多數經營者在面臨如此千載難逢的最佳時期，只會撒下散漫的經營種子，埋下浪費的禍根。如果繼續採用「訂單倍增，人力和設備也要倍增」的加法式的經營方式，一旦訂單突然減少，就會突然面臨銷售驟減、但經費負擔不減的龐大虧損了。

建立全員參與經營的機制

為實踐「銷售最大化、經費最小化」，公司必須擁有能夠即時掌握各部門業績的管理會計系統。建立有助於提升公司業績的會計系統和機制，也是經營者的重要任務之一。

儘管經營者擁有強烈的意志和熱情，以及不亞於任何人的努力，並在投入源源不絕的創意時，讓企業持續地成長發展，但就在企業不斷擴張之際，經營者可能會漸漸失去全面掌握經營現況的能力，陷入進退兩難的困境。為了避免這種情況發生，必須建立詳細的、能深入每個單位的管理機制，做到即時並全面地掌握經營的現況。

換言之，要讓經營穩如磐石，詳細的管理會計系統是必不可少的。因此，我才會在成立京瓷後沒多久的時間，苦心打造出一套「阿米巴經營」。阿米巴經營是一種異於一般財務會計方法，可用來協助經營者順利管理公司的管理會計手法。現在，京瓷內部仍然擁有一千個以上的小團體，每個小團體由數名到十數名不等的成員組成，這樣的小團體被稱為「阿米巴」。每個阿米巴的領導者，就像中小企業的經營者一樣，認真經營著自己的阿米巴（詳情請參閱《阿米巴經營》和《稻盛和夫的實踐阿米巴經營》，兩書

皆由日本經濟新聞出版；《稻盛和夫的實踐阿米巴經營》中文版由《天下雜誌》出版）。

在阿米巴經營中，我們會用一種獨特的指標來表現收支情況，那就是「每個小時所產出的附加價值」。簡單來說，我們把每個阿米巴的銷售額扣除其所有支出，再將得到金額除以該月總勞動時數，最後所得到的數字，就是我們的經營指標。我們管這種機制叫做「每小時損益制」。

在京瓷，我們基於這個制度，在每個月的月底結算後，下個月初每個部門的績效都會以「每小時損益表」的形式詳細列出。看了每小時損益表，我們就可以清楚知道哪些部門正在提高獲利。

此外，為了將支出經費控制到最少，在每小時損益表上，會將經費項目細分。我們會根據現場實際發生的經費項目來分類，比財務部門通常使用的常規會計項目更為詳細。例如，我們不會用「能源費」這麼大範圍的項目來

概括表現支出，而是有電費支出就列電費項目、有水費支出就列水費項目、有瓦斯費支出就列瓦斯費項目，把每個支出的細項一一列出。

為何要如此大費周章？因為必須讓實際在現場工作的從業人員，能夠第一時間理解問題出在哪、為了節省開支可以採取哪些具體的行動。查看細分後的數字，就可以清楚理解經費增減的原因，像是「這個月的電費太高了」等等，然後才能採取必要的改善措施。

看了損益表，就會產生創新的對策

阿米巴經營模式也對日本航空的重建，做出了重大貢獻。當初，我不僅致力於幹部與現場員工的思想改革，還努力建構起適合航空運輸業的管理會計系統。

因為我一就任日本航空，就經歷了以下的震撼教育。我問員工：「目前的經營績效如何？」總是很難得到一個具體的數字，就算終於得到了一個數字，也是好幾個月前的數據，而且還非常粗略。不僅如此，當我問到誰該對虧損負責時，得不到一個答案，這種種跡象代表，日本航空的責任劃分非常不明確。

除此之外，即使大家都很清楚航空業的利潤來自於航班，但詢問員工每條航線、每個航班的盈虧狀態，卻也是一問三不知。日本航空在此之前一直缺乏這樣的管理架構與觀念，所以一直處於不知道哪條航線或哪個航班，實際上賺了多少錢的狀態。因此才會有這麼多持續虧損也不處理的航線。

我認為，如果不建立每條航線、每個航班的即時盈虧系統，就無法提升公司全體的獲利。因此，我以「阿米巴經營」為基礎，不僅參考了京瓷和KDDI的實踐心得，還借鑑了數百家公司的導入經驗，建立起日本航空即

時了解各部門、各航線、各航班的盈虧的系統，並以每個阿米巴的負責人為主導，為提高獲利去發想充滿創意的對策。

結果，日本航空各部門的實績，在次月就被一一列了出來。全體員工都能看到自己部門的實績，所以更知道要加緊努力讓自己部門的獲利變好。每一條航線、每一個航班的利潤盈虧，在結算日的隔天就一清二楚攤在陽光下，這樣的機制，讓現場人員得以判斷並因應客戶需求，做出臨機應變。舉例來說，靈活更換飛機機種，或安排臨時航班就是一種臨機應變。

數字化經營

另外，在飛機維修、地勤櫃台等方面，我們盡可能將組織分成小團體，讓每個小團體都能細分經費明細並做出有效的管理。全體員工共享所有開

支明細，並集思廣益「這裡是不是有點浪費了」、「有沒有更有效的執行法」，共同致力於經營層面的改善。

接著，我們會基於該管理會計系統計算出的各部門數字，邀請各部門或是子公司的負責人參加「業績報告會」，依序上台報告，負責部門當月的業績。

在每月舉行、為期二至三天、從早開到晚的業績報告會中，我會根據部門別和項目別的當月實績，以及下月計劃等龐大資料，抓出我認為有問題的數字，就算是交通費和水電瓦斯費等，極其細節的開支，我也會深入追究，「為什麼會出現這樣的數字」。

每個月持續舉行這樣的會議，會讓數字化經營成為常態，也會讓每個部門主管透過數字，去表現他們想讓單位創造更多獲利的野心。日本航空就是因為活用了這套制度，全體員工才有強烈的公司盈虧意識，而該意識也直接

對公司獲利做出貢獻。

如何成為高收益企業？

在日本，常常戲稱「中小企業和粉刺有一個共通點——變大了就會破／破產」。為什麼中小企業會這樣？因為管理會計系統沒有建立起來。如果公司規模還小那就算了，但是當公司規模漸漸擴大，這種俯拾皆是「糊塗帳」的會計系統，會讓人無法掌握公司實際的經營狀況。

當然，一般公司還是會進行常見的財務會計處理，但那樣的作法並不能掌握經營的實際情況。或者可以說，那是一種無法在經營管理上派上用場的會計作法，經營者無法因此採取必要的措施去讓業績成長。

京瓷自創立以來，除了雷曼危機後的那段時間之外，幾乎一直保持兩位

數以上的獲利率，有時候甚至還創下獲利率將近四〇%的紀錄。

我們之所以具備如此高收益的企業體質，因為我們有其他公司無法模仿的獨創性技術，藉此製作出高附加價值產品。然而，這並不是全部。我認為，建立和運用能清楚了解經營實態的管理會計系統，以及全體員工都心無旁騖地追求「銷售最大化、經費最小化」的經營真諦，才是我們得以實現高收益企業的最重要因素。

要點

是否被「銷售成長，經費也會成長」的錯誤常識左右？

是否持續發揮創意巧思以實現「銷售最大化，經費最小化」？

營業額擴大就是最佳時機。是否把握此時機培養公司的高收益體質？

是否建立了能即時掌握各單位績效的制度？

員工是否自發性地在意公司盈虧，並採取具體的行動？

補充說明

Q1　經營者每天該做哪些努力？

這是一九九八年出版《稻盛和夫的實學》（日本經濟新聞出版，中文版由《天下雜誌》出版）之後發生的事情。當時，收到許多來自會計師和會計部門專家寄來的讀者迴響。

其中一封信的內容如下：「這本書不僅容易理解，而且內容觸及到的，正是會計的精髓。其實很多經營者並不了解這個精髓，所以令我們感到困擾。迄今為止，我們多次提醒經營者去正視這個問題，但他們都不予理會。所以我認為，所有經營者都應該閱讀這本書。」

創業初期，我對經營和會計一竅不通，我只知道秉持著「銷售最大化，經費最小化」的原則，並一直實踐下去就好。不過，其實我所做的遠多於這

些。

之後我開始學習會計，理解損益表中各個項目的含義，並活用在經營管理上。損益表裡面有銷售額、有每一項經費的細目，只要用簡單的加法減法，就能輕鬆算出減少哪個經費支出就會轉虧為盈。它其實是一個非常簡單的會計工具。

損益表不僅僅是財務會計人員需要看，想穩健地經營公司的經營者，也必須時時關注損益表的變化。不過，能忠實執行這一點的人卻意外的少。

我認為經營就像駕駛飛機一樣。銷售額和支出額這類的經營指標，就像是飛機駕駛艙裡，儀表板上的數據一樣，清楚顯示著一家公司的營運狀態。

儀表板會顯示一架飛機的所有飛行狀態，所以當飛行員發現「這個數據很危險，表示飛行高度正在下降，我們必須提高引擎功率，讓飛行高度往上升」時，會隨時緊盯數據，為飛行做出細部的調整。這就是飛行員所扮演的

角色。

換言之，沒有做到每天查看損益表的經營者，就像不知道該隨時查看儀表板的飛行員。這樣的經營者，當然不會知道公司即將朝哪個方向飛去。

Q2 為什麼必須要有高收益？

為追求員工物質上和精神上的幸福而去確保收益，是企業經營的必要條件。重新思考收益的重要性，可以幫助經營者重新認識自己的使命。接下來我想列舉「為什麼企業必須要有高收益」的六大理由，並依序說明如下：

1. 強化財務體質
2. 確保未來的穩健經營

3. 以高股利回報股東
4. 以上漲的股價回報股東
5. 增加事業發展的選項
6. 透過企業收購，實現多角化經營

第一個理由是——為了「強化財務體質」。

京瓷在創業初期以高收益為目標，為的就是要償還銀行貸款。然而，就在京瓷準備還清所有貸款之時，因為訂單急速擴大，又必須投資新的設備以擴大產量，因此不得不再次向其他銀行貸款。因為京瓷在創業初期的保留盈餘不夠多，所以才需要向外借貸。

不過，京瓷對於如何償還債務，有自己的一套規劃：關於最初的貸款，會這樣償還；關於投資新設備的再次貸款，會另外償還；而之後為了投資其

他設備而需要跟銀行融資，又會另外拉出來償還。像這樣，把每一件融資案的借款和還款等動作，視為是「列車式編列」。

把每次為了投資新設備而增加的融資案，用「就算有好幾條列車同時在走，也能為新的列車編列出安全的運行時刻表」等管理列車的思維去管理。之所以採行這種作法，因為想要「把債務還清」的想法，一直存在於我們腦海中。

京瓷持續追求著高收益，終於在創立後的第十年，實現了零負債經營。之後，公司繼續以快速的步伐成長壯大，但並不是「隨著營業額增長、貸款也不斷增長」這種不健康的成長。我們是在零負債的情況下，每年不斷累積保留盈餘，以這樣的姿態持續成長茁壯。

高收益能夠強化財務體質，讓企業穩定地成長壯大。這也就是為什麼企業必須實現高收益的原因了。

第二個理由是——為了「確保未來的穩健經營」。

我一直向員工們解釋高收益的必要性，曾做過以下的說明：

「高收益，等同於對於未來高漲的人事費等經費的承受程度。舉個例子來說，如果公司有一五％的獲利率，即使每年人事費上漲三％，在接下來的五年，也有足夠的餘力去承受人事費用的上漲。」高收益可以說是承擔未來變化的能力。

此外，即使因為景氣變動而導致公司營業額下降，只要擁有高收益體質，就具備持久作戰的保障。為了避免輕易就由盈轉虧的情況發生，必須實現高收益。

實際上，即使面臨石油危機、日幣升值引發出口減少、甚至雷曼兄弟風暴，大多數企業營業額普遍下滑的時候，京瓷也能夠度過重重難關，交出每一季都沒有虧損的漂亮財務報表。

第三個理由是——為了「以高股利回報股東」。

當公司獲利增加時，獲利的一半大概會被稅金吃掉，而另一半則會留在公司。如果把這些資金以保留盈餘的形式留在公司，則可以用於債務的償還或設施的投資等方面，但如果沒必要做這方面的運用，也可以藉由高股利的配發回報給股東。

這種作法符合資本主義的理念。賺錢的公司繳完該繳的稅之後，剩下的錢就以高股利的方式配發給股東。投資人拿錢買股票的回報率，遠高於拿錢存銀行的存款利率，所以只要買入高收益企業的股票，就可以獲得不錯的現金股利回報率。這才是股份有限公司原本該有的姿態。

第四個理由是——為了「以上漲的股價回報股東」。

公司的高收益，可以透過高股利的方式回報給股東，但如果公司業績不

斷提高，股價也會隨之上漲，就能以此來回報股東對企業的支持。當企業的表現、穩定性和發展前景受到高度評價時，這些評價必定會反映在股價上。而當股價上漲，股東也會跟著獲利。

公司擁有亮眼績效才能以高漲的股價來回報股東，而這也是公司追求高收益經營的重要原因之一。

第五個理由是——為了「增加事業發展的選項」。

公司一旦實現了高收益，在繳完該繳的稅之後，會有充足的資金留下來。利用這些寬裕的資金，就能輕鬆推動公司的多角化發展。

舉例來說，京瓷認為僅憑精密陶瓷事業，公司未來的發展將被侷限，因此從一九七〇年代初期開始一直到中期，京瓷陸續將觸角伸進切削工具、再結晶寶石、人工牙根、太陽能電池等不同視野領域之中。多角化的事業，為

現今的京瓷貢獻了不少營業額，也正是因為京瓷本身的高收益體質，帶來豐厚的資金和無後顧之憂的財務狀況，才促使多角化得以發展順利。

企業為了長期的成長與發展，必須跨足新事業，但新事業不保證一定會一帆風順，甚至可以說，一開始一定會虧損。想要承擔這些虧損，並繼續經營新事業，企業的本業就必須擁有高收益體質。

反之，公司本業的收益很低、無利可圖，於是決定朝新事業發展，怎料此舉只是讓虧損更加擴大，最終導致公司一蹶不振、一命嗚呼。這樣的例子屢見不鮮，但這並不是經營一家公司的正確程序。只有在本業處於高收益的狀態時，才能向滿佈荊棘的新事業之路邁出步伐，並且在有本業為後盾的前提下，繼續心無旁騖地向前邁進。

第六個理由是——為了「透過企業收購，實現多角化經營」。

公司持續實現高收益多年後，隨著公司內部的保留盈餘愈來愈多，公司可自由運用的現金也變多了。當公司擁有如此豐厚的自有資金，去併購其他公司或事業，就變得容易許多。而且也因為擁有豐厚的自有資金，無需向銀行貸款了，也無需承擔包含貸款利息在內的風險了。

這正是第二電電（現在的KDDI）創業時的情況。我們雖然不是透過併購相關企業去跨足全新的電信行業，但我們一舉投入大量資金並擴大業務的行為，與企業併購（M&A）無異。

當我們決定跨足電信市場，我在京瓷的董事會上接受質詢時，我這樣跟董事們解釋：「雖然要跨足高風險市場，但我還是堅持要去做。就算這個新事業沒有步入正軌、成為京瓷的包袱，請容許我用一千億日圓去投資它。如果屆時這一千億日圓都燒光了，新事業還是沒有步入正軌，我會毫不留戀地放棄並撤出新事業。」

如果第二電電陷入財務困境，其資金擔保者京瓷將承擔所有損失。假設京瓷必須吸收一千億日圓的損失，該年度本業就算賺取兩百億日圓的利潤，也要在年度財報上認列八百億日圓的巨大虧損。

不過，當時京瓷的公司保留盈餘，就有大約一千五百億日圓。所以就算京瓷損失了一千億日圓，也只是等於把過去累積下來的存款花掉了一千億日圓，公司並不會因此破產。而且，京瓷依舊擁有五百億日圓的現金，所以本業依舊能維持高收益的現況。

換言之，京瓷可能會在某一年出現鉅額虧損，但在次年的報表上，京瓷依舊如往常一樣，交出了一五％至二〇％獲利率的亮眼成績。跨足新事業，並不會動搖京瓷的骨幹，也不會讓京瓷失去未來展望。

反之，如果京瓷是一家低收益企業，經過幾十年的積累，好不容易才存了一千五百億日圓，那情況又會怎麼樣？公司不僅會在某一年出現鉅額虧

損，這個虧損效應還會繼續延燒下去，最後甚至危及本業。一家低收益企業，即使擁有再怎麼崇高的理想與熱情，也不可能毅然決然就跨足到新事業領域。

京瓷之所以能成立第二電電並跨足電信業，不是因為我有足夠的勇氣，而是因為公司有足夠高的收益，才能讓我無後顧之憂地展開新事業。

經營公司，不能像是已經被逼到相撲擂台的邊界，一個不注意就會因為踩線而被判出局；而是要想辦法讓自己立於相撲擂台的正中央，步步為營地確實朝著勝利挺進。

跨足電信業，乍看就像是唐吉訶德對抗巨大風車般的有勇無謀，世人都認為「這太冒險了」，但對我來說，我很清楚自己一直都是站在「相撲擂台的正中央」，去迎接挑戰。

像這樣，高收益可以讓我們放膽去嘗試各種事業的可能。

以上就是公司需要高收益的六大理由。然而，我自己一開始也不完全了解這一點。回顧過去，我在創立京瓷時遇到了各式各樣的疑難雜症，讓我傷透了腦筋，所以我才逐漸確信並落實一個信念：企業必須實現高收益。

首先，請大家在心中強烈地認為高收益非常必要。盡可能讓潛意識去接受這一點，並相信實現這一點是可能的。如果你認為「實現高收益很難」、「現在的產業不可能實現高收益」，那就不可能成功。無論如何就是要有高收益，必須用盡各種方法、做出各種努力去實現高收益。擁有務必要實現高收益的想法，以及日夜不斷付出不輸給任何人的努力，是非常重要的。

第6條

定價即經營

——定價是領導者的職責。價格應該定在顧客樂於接受、公司也能獲利的交會點上

「一碗烏龍麵的定價」濃縮了經營的精髓

我曾想過要將「夜間烏龍麵攤的經營」，作為錄用京瓷高階管理者的考題，因為我認為這些人必須了解做生意的本質。

我打算給這些高階管理候選人足夠的資金，來購買烏龍麵攤的設備，並讓他們試著經營，幾個月後再看他們能回收多少資金，以此作為誰能從競爭勝出的指標。為什麼我會考慮這麼做？因為我認為烏龍麵攤的經營，包含了所有經營的精髓。

例如，你端出的這碗烏龍麵，它的湯汁該用什麼來做？該怎麼去做？它的麵條要用機器製作？還是用手工製作？然後，身為配料的魚板，要切多厚？要放幾片？蔥又要從哪裡進貨？諸如此類的問題，衍生出許多選項，這些選項又直接影響到成本。換句話說，同樣一碗烏龍麵，也有千差萬別的可

能，隨著經營者的不同，烏龍麵的成本結構也會截然不同。

此外，還有開業地點的問題，像是攤位要設置在哪個地區、要何時營業等。是要設置在繁華地區以瞄準酒後想吃麵的客人？還是要設置在校園學區以年輕人為目標對象？一個人的經營策略與邏輯，在如何去做這些選擇上展露無遺。

然後，當你決定了所有開業要素，「價格應該定在哪」自然就會有答案。在校園學區開業的人，會試圖壓低價格，以薄利多銷的方式盡量賣出更多碗烏龍麵。而在繁華鬧區開業的人，則會試著製作出雖然高價但卻美味、高級感十足的烏龍麵，就算賣出的數量不多，也能獲利。

換句話說，烏龍麵攤的小本經營裡，濃縮了所有經營相關的要素，並且光從定價這一點，就能看出老闆是不是擁有經營才能。所以我才會想把烏龍麵攤的開業模擬，當作錄用高階管理者的門檻。雖然實際上並未實施，但我

堅信──定價足以左右經營的成敗。

精準拿捏顧客樂於掏錢的「最高價格」

大家在制定產品價格時，會出現各種不同的心態。是要降低價格，雖然少賺一些，但可以擴大銷售量？還是要提高價格，即使銷售量少，但能賺取更高的利潤？價格設定有無數種可能，每一種都反映著經營者的思想。

然而，當我們設定好價格，去預測這個價格能夠賣出多少量以及能夠獲得多少利潤，其實非常困難。如果價格過高，產品可能會賣不出去；反之，即使產品大賣，也可能因為價格過低而導致利潤不足。換言之，價格制定上的些微誤差，都可能造成巨大的損失。

制定價格前，必須先正確評估產品的價值，然後再去找出，能讓利潤乘

以銷售量的乘積達到最大值的產品價格。而這個產品價格，也必須是客戶樂於掏錢購買的「最高價格」。

去找出這個能滿足多方條件的價格，不是業務部長或業務代表的責任，而是經營者。制定價格時，必須要有這個觀念才行。

定價與進貨、成本控制互相連動

然而，即便用這個價格進行銷售，也不能保證就一切順利。很多時候，以客戶能接受的最高價格去銷售，還是無法獲利。所以重點在於，定了這個價格之後，如何從中獲利。

如果單純因為產品定價太低而拿到訂單，那只會苦了製造部門，讓他們即使忙到焦頭爛額，公司也賺不到多少錢。所以，業務部門必須盡可能提高

價格去進行銷售。不過，定了這個價格後，能不能從中獲利，責任還是落到製造部門頭上。

一般來說，大多數的製造商都奉行著成本主義，以「成本加利潤」來決定售價。然而，在競爭激烈的市場中，售價通常已被市場決定，如果用成本加利潤的價格進行銷售，產品往往很難賣得動。但如果降低售價進行銷售，利潤又會被吃掉，讓公司立刻陷入虧損。

我一再告訴技術人員，「你們或許會覺得，自己的工作就是開發新產品和新技術，但絕對不只如此。想辦法去降低成本，也是優秀的技術人員的職責」，然後積極地督促他們去降低成本。

用深思熟慮後制定的價格來實現最大利潤，需要「經營努力」。制定價格時，必須把原物料的成本是多少、人事成本又花了多少，諸如此類的既有觀念和常識通通拋在腦後。必須換個新思維去想，如何在滿足規格、品質等

所有被賦予的條件範圍內，盡最大的努力以最低的成本製造出產品。

重要的是，要理解「定價、進貨和成本控制必須相互連動」的道理。定價絕不是獨立存在的。定出了這種價格後，進貨採購和成本控制也要站出來共同承擔。換句話說，在制定價格的那一瞬間，腦中必須考慮到如何採購、如何降低成本。從另一個角度來說，正是因為有了這些考慮，才能制定價格。這也是為什麼「定價應由高層經營者負責」的原因之一。

此外，我認為定價直接反映了經營者的個性。軟弱的經營者，會在激烈競爭時打出低價策略，雖然贏了競爭，卻很難因此獲利。而強勢的經營者，會嘗試維持原來的高價，可能讓產品完全賣不出去。在定價時，必須考慮到經營者的個性，並把「如何想辦法降低成本、產生利潤」的想法刻在腦中。

「定價即經營」，制定價格是經營者的職責。我希望大家能充分理解定價反映了經營者的個性，並朝著把公司經營得有聲有色的目標邁進。

要點

是否理解「制定價格」是經營者的職責？

是否拿捏準了能讓顧客樂於掏錢的「最高價格」？

是否沒有基於成本加利潤來決定售價？能否以市場價格去獲利？

制定價格時，是否將進貨和成本控制等連動因素考慮進去？

補充說明

Q1　在市場競爭中，定價代表了什麼？

假設一家大型電子公司的研發部門，向京瓷提出了以下的要求：「我們現在正在開發一項新產品，需要這樣的陶瓷零件。你們能生產嗎？我們會訂購一萬個，請給我們報價。」如果這個零件只有京瓷能生產，那就沒問題，但如果同行也能生產，那麼想當然爾，同行也會被要求報價，彼此因此陷入了價格競爭。

這是京瓷還是一家小型企業的時候發生的事。我們的業務代表透過成本計算的方式製作了報價單，然後到客戶那裡報價時，對方只說了一句：「京瓷的價格太高了，我們無法向京瓷下單。另外兩家公司的價格便宜多了。」業務代表詢問另外兩家的價格有多便宜，對方回答便宜了將近兩成。業務代

表於事慌慌張張地回公司報告：「同行的報價便宜我們兩成」。一開始，業務代表還會像這樣回公司回報，但漸漸地，他開始自行降低價格，逕自向客戶承諾「我們公司的報價也跟其他公司一樣」。這樣的業務人員手段很好，能夠拿到大量訂單，能夠獲得高度評價。但我卻把這位業務代表叫住，並對他說：「確實，業務人員的工作就是拿到訂單，但請你好好想想，如果報價比其他公司還低，那麼能拿到訂單，本就是天經地義的事，並不是因為你的能力使然。是因為自行降低價格，所以才能拿到訂單。站在京瓷的角度來說，希望盡可能以最高的報價去拿到訂單，但是當報價太高時，客戶可能會向其他同業購買報價較低的產品，而不會向我們下單。

所以重點在於，如何在一開始報出高價，之後再視情況漸漸調低價格，讓客戶在討價還價的過程中，最後終於接受了一個他樂於支付的『最高價格』。如果你的報價比客戶能接受的價格還便宜，無論如何，你都能拿到訂

單。所謂的做生意接單，就是必須做到，精準拿捏客戶願意下單的『最高價格』。」

當我這樣告訴他時，我才意識到價格設定有多麼重要。它像是一門藝術，非常講究細節，不容許一點點錯誤。因為一旦失去訂單，營業額馬上就會減少。

定價即經營，定價策略失敗了，經營就會出問題。定價就是這麼重要。

Q2 客戶如何定義價值？

開發出來的新產品，在尚未有競爭對手出現的時候，制定價格顯得格外困難。最初，我也會用「成本加合理利潤」的方式來為新產品定價，但有一次，我腦袋突然產生「這樣做不太對」的想法。

陶瓷是經由高度控制的製造過程而產生的產物，陶瓷可以製作出具備各種特性的高附加價值產品。不過由於陶瓷的原料相對便宜，所以如果用「成本加合理利潤」的方式，以此制定陶瓷零件的價格，價格一定會很便宜。

然而，在另一方面，對客戶來說使用了京瓷開發的陶瓷零件，能讓自家產品創造出巨大的附加價值，所以我認為，讓客戶花費多一點的錢向京瓷購買陶瓷零件，並無不妥。如果客戶使用京瓷的產品後變得非常賺錢，那麼他們應該願意掏出，與創造出來的價值相當的金額來買單才是。

因此，我對業務人員說：「對於沒有競爭者的新產品，不要以成本加合理利潤的價格進行銷售，而要以該產品帶來的價值進行銷售。就拿我們開發的新產品為例，它的成本在包含原物料成本和加工費用等等後，大概只有多少多少錢，但它卻帶來了超越這筆錢的價值。產品的價值，取決於客戶使用它之後能創造出多少附加價值。所以，我們是不是應該用更高的價格去銷售

它？」

不過，我們無法計算客戶心中認知這樣產品所擁有的價值。所以我接著對業務人員這樣說：「當你們去銷售這樣產品時，不要一開始就說出價格。你們可以先跟客戶說『貴公司如果使用這樣產品，一定會覺得非常好用，它在某某用途上完全符合貴公司的需求』，然後展示產品給客戶看。當客戶反應『這個好，我很想用用看』時，你們也不要心急而亂了手腳。這時客戶一定會主動詢問『這要多少錢？』即使你想說出價格，也要忍住，然後反問客戶『這個多少錢您會願意購買？』

此時，客戶會馬上在腦裡盤算，『如果我們使用了這麼好的產品，應該會讓我們的銷售量增加多少多少』，客戶藉此反推這樣產品的價值，然後對你說『如果是多少多少錢的話，我願意買』，提出一個比他預想中的價格更低的價格。其實客戶在提出這個價格的時候已有心理準備，覺得這個價格你

可能不會輕易接受。接下來，買賣雙方就開始進入價格的攻防戰。」

之所以要反問客戶，因為我們自己無法計算產品的價值，所以才要詢問客戶『您願意花多少錢購買這項產品？』藉此打探客戶心中所認可的產品價值，讓價格交涉順利進行。這就是所謂的經營智慧，也是我們新產品定價的原則。

Q3

什麼是與行銷策略連動的定價？

我對於二戰結束後，美軍駐日所掀起「可口可樂」的風潮，感到不可思議。我是在初中一年級的時候迎來戰爭的結束，我也是在那個時候第一次喝到可口可樂。當時還是孩子的我，只覺得「這個跟汽水差不多，而且有股奇怪的味道，總之不是很好喝」。

儘管如此，當時可樂的價格卻高得離譜。當時在日本，就算有好喝又便宜的汽水，但昂貴又有股怪味的可樂卻異常暢銷，這到底是為什麼？我覺得很疑惑。

當時祭典的夜市攤位等處，常常可以看到攤販小哥，把許多瓶裝可樂放在一個大冰柱上，他們一邊撬開瓶蓋，一邊兜售著可樂。我也常看到小孩們喊著想喝可樂並購買可樂、暢飲可樂等景象。玻璃瓶裝可樂的瓶壁很厚，裡面的可樂容量其實很少，但它的價格卻是汽水的三倍甚至四倍。我不禁想問：為什麼可樂的價格要定得這麼高？

我在想，就是因為售價定得這麼高，才有足夠的利潤去雇用學生來幫忙打工銷售。換句話說，可口可樂並不認為「高價銷售會賣不出去」，反而打出「為獲得利潤而高價銷售」的策略。

當時，就連鄉下的蔬果店，在「○○商店」的招牌旁，很多店都會一併

懸掛著可口可樂的招牌。之所以能說服這麼多店家幫它懸掛招牌，足見可口可樂有多賺錢，再用賺來的錢支付這麼多的廣告宣傳費。我想這就是定價策略的勝利。

另一個類似的定價策略勝利案例，就是「養樂多」。讓養樂多變得家喻戶曉的松園尚已先生，是我們這群經營者圈子裡的一員，索尼的盛田昭夫先生等人也同在這個圈子裡，大家平時往來頻繁。

養樂多的瓶子容量雖小，但價格卻不低。這種飲料使用了京都大學的代田稔先生發現的乳酸菌母菌，經由乳酸發酵製成，其活菌具有整腸功效。養樂多打著「對腸胃非常好」的賣點，讓全國的「養樂多女士」，騎著自行車或推著手推車在街上穿梭兜售著養樂多。

即便要在日曬雨淋下，騎著自行車或推著手推車賣養樂多，但因為薪水相當不錯，養樂多女士們總會盡心盡力地向顧客推銷。這種銷售模式之所以

還能賺到該有的利潤，正是因為在定出高價的同時，已經把行銷成本和促銷費用等因素都考慮進去了。憑藉此商業模式，養樂多的銷售觸角才得以遍及日本，稱霸一方。

定價並非「愈便宜愈好」，它會因為行銷策略的不同而有所調整。所以我才會如此肯定——定價，是經營的本質。

第7條

經營取決於堅強的意志

——經營需要滴水穿石般的堅強意志

無論如何都要達成目標

我認為「所謂經營，就是經營者『意志』的展現」。當經營者想朝某個目標去實現時，無論如何、不計代價都要達成那個目標的堅強意志，是經營上必不可少的要素。

然而，我卻看到很多經營者在無法達成目標時，立刻找藉口、立刻修改目標，甚至立刻撤回目標。這樣的態度不僅讓經營者不能達成目標，還會對員工產生重大影響。

我之所以有如此深刻的體會，是要拜京瓷股票上市後發生的一些事情所賜。當公司成為上市公司後，必須公布下一季的業績預測，這也是對股東的負責，但是很多日本公司似乎對於因應大環境景氣變動，而必須下修業績目標這件事，覺得沒什麼。

而另一方面，也有處於相同的大環境，卻能完美達成業績目標的經營者。所以我認為：經營者若不能以堅強的意志去執行心中的計劃，將難以克服並戰勝現今變動劇烈的經濟環境。

如果說自己只是迎合大環境的變動去調整經營方式，所以這次才要下修目標，結果，下次又受到無情的經濟波動影響，也只能進一步下修目標。這麼不把自己設定的目標當一回事，將會失去投資者和員工的信任。身為經營者，一旦下定決心要「這麼做」，就必須以堅強的意志貫徹到底。

將「經營者的意志」轉變成「全體員工的意志」

此時，最重要的就是獲得員工的共鳴。雖然一開始的經營目標，是由經營者的意志所產生，但接下來這個目標，能不能讓所有員工認同，並願意

遵循去做，將成為經營成敗的關鍵。換句話說，必須將源自於「經營者的意志」的經營目標，轉變成「全體員工的意志」。

說到經營目標，因為很少會有員工主動提出，很難達成的高數字目標，所以依照常理，都是由高層所決定的。而這樣一來，容易導致員工不願意去追隨目標。必須讓高遠的經營目標是由員工提出的、是由下而上決定出來的，才能落實「將經營者的意志轉化為員工的意志」。

其實要做到這一點並不難。你只要在平日不斷對員工強調，「我們公司擁有無限的可能性，雖然現在規模還小，但將來的發展值得期待」，並在此基礎上製造與員工聚餐對飲等機會，幾杯黃湯下肚後，再向員工提出「今年打算增加一倍的銷售額」的目標。

此時，再安排一位工作能力不強、但善於交際逢迎的員工在身邊，讓他隨之附和「社長，遵命，我們會努力的！」當局面走到這一步，即使是那些

聰明能幹，但總是冷眼看待「公司的高目標」，並一一舉出高目標行不通的理由的人，此時也只能識大體地閉嘴了。

然後，全體員工在不知不覺中變得同聲同氣，甚至當場在大家的同意下，立定了一個比社長立定的目標更困難更崇高的目標。

換句話說，經營就是「心理學」。就算是要達成門檻較低的目標，如果讓沉著冷靜的人率先發表意見，他們還是會說「不可能的，這樣的目標無法實現」，更別說是經營者所期望的門檻較高的目標了，在他們眼裡，更是完全沒有實現的可能。

以視死如歸的心態經營，展現堅強的意志

我認為應該要設定難度較高的目標，並試著挑戰它。然而，如果將目標

設得太高，讓「前年達不到，去年也達不到，今年第三年了還是無法達成」的狀態持續下去的話，那麼經營目標將形同空談，最終沒有人會認真看待它。

相反的，如果一直保持著今年的目標只高於去年一點點，那麼不僅無法提高員工士氣，公司也會失去成長動能。

我接下來所提的方法可能不適用於所有情況，但當京瓷還是規模很小的公司時，我曾經做過以下的事。

當時公司處於就快達成目標、卻也很可能跟目標擦肩而過的關頭，我於是向員工宣布：「我們要以每個月創下九億日圓的銷售額為目標。如果達成這個目標，全體員工將去香港旅遊；如果沒達成，全體員工就一起到禪寺修行。」

結果，大家變得異常努力，終於達成了目標。最後我們包機飛香港，兌

現了三天兩夜的員工旅遊，進一步穩固了與員工之間的感情。

不要只是命令員工，「去實現目標！」而是要透過各種創意巧思，去激勵員工，讓員工在脫胎換骨的情緒下，對經營目標產生共鳴，並努力不懈地去實現它。

當然，重要的不是管理員工的招數，而是透過各種機會，真摯地向員工展現，身為經營者「無論如何都要實現目標」這般視死如歸的決心。

我曾有過在感冒發燒的情況下，一邊打著點滴一邊參加當時由五十多個部門共同舉辦的尾牙活動。我希望透過這樣的機會，讓所有員工理解並支持我對明年事業拓展的想法，以及更重要的，在員工面前，展現我想達成目標的強烈意志。

重建日本航空時，我也在日航員工面前展現過這樣的意志。當時年過八十的我，整個星期大部分的時間，都要以東京的飯店為家，中午吃著鹽烤

鯖魚便當、晚餐就用便利商店的飯糰解決，從早到晚不停地開會，專注追蹤每一個經營數字與細節。日本航空的員工們只要輕輕一瞥，就能清楚感受到，我為了達成日本航空再生計劃的強烈意願了。

就像「視死如歸」這個形容詞形容得這麼貼切一樣，經營者必須以必死的決心去面對經營。這正是與員工共享經營目標時，為了展現經營者意志的最重要的心態。當經營者把其強烈的意志與員工共享，並因此激發出員工的士氣，那麼企業必將實現成長與發展。

要點

是否擁有無論如何都要實現目標的「強烈意志」？

是否不會因為環境變化而下修目標、甚至撤回目標？

經營目標是否成為全體員工「都希望實現」的目標？

全體員工是否共同擁有「好想達成目標」的必死決心？

是否能激發出員工去達成高目標的士氣？

補充說明

Q1　什麼是絕不放棄的強烈意志？

說到「經營取決於強烈意志」，大家很容易會聯想到勇敢、嚴肅、狂熱的鬥志，就像之後的第八條中提到的「燃燒的鬥魂」一樣。然而，我所說的「強烈意志」，是指內心深處湧動的「靜態鬥志」。

換句話說，它是成就事物的「絕不放棄」的心態。它與運動賽事等場合中常說的「永不放棄（Never give up.）」有異曲同工之妙。

我常常跟員工說「當你認為一切都完了的時候，才是開始」。「完了」這個詞通常意味著「結束」，但實際上並非如此。當你認為完了的時候，那才是「開始」。我也一直告誡自己要這樣去想。

舉個極端的例子。我在創業初期，親自站上業務第一線去開發客戶。然

而，京瓷當時只是京都的一家小型企業，即使努力向客戶展示京瓷的產品，只要其他同行有同樣的產品，客戶就會以「不需要」，或「我們已經有長年合作的製造商，不可能跟新廠商下訂單」等理由拒絕。

其中最讓我感到沮喪的，是我去拜訪一家大型電機公司時發生的事。我在毫無準備的情況下直接跟警衛說，希望拜訪他們公司負責真空管的技術人員，我當時既沒有事先約好時間，也沒有找人幫忙引薦，就直接殺去那家公司，結果，吃了一頓閉門羹。

我不死心，又拜訪了這家公司好幾次，終於得以見到技術人員一面。見面後，那位技術人員卻跟我說：「你知道我們的子公司嗎？我們都是從那家子公司購買陶瓷零件。一家沒沒無聞的公司突然來拜訪我們，我們怎麼可能就這樣跟他們購買！」

單靠努力也無法解決的問題，就像一塊巨石，橫亙在我面前。

跟我一同前去拜訪的年輕業務員，一臉灰心喪氣，用放棄的口吻說：「果然還是行不通。」

然而，我卻斬釘截鐵地對他說：「被拒絕的時候才是工作的開始。去思考如何克服這個困難，工作才會真正展開。」在面臨挫折的時候，我會鼓勵自己，「如果一開始就一帆風順、沒吃到苦頭，就沒什麼工作好做了。所以被拒絕的時候，才是工作的開始」，然後以堅持不放棄的精神持續不懈地努力，並要求員工們也做到這一點。

結果，京瓷不僅成功說服這家大型電機公司成為自己的客戶，還接連成功開拓了新客戶與新市場。

Q2 如何不受情況左右，持續保持堅定的意志？

如果經營者只要擁有夢想，並懷抱「我想朝這個方向去做」的強烈願望就好，那麼應該會出現很多出色的公司才是。而事實上，出色的公司卻不多，這是為什麼？其實不管是哪家公司，管理階層應該都會懷抱著「我想朝這個方向去做」的願望，想要把公司經營得有聲有色。

問題在於就算懷抱著願望，卻無法實現。

舉個例子來說，假設管理階層的願望是「想要開發新產品」。如果不盡早開發新產品，就可能失去市場，就可能危及公司事業的永續發展。不過，這個「想要開發新產品」的願望，是不是只停留在光用腦筋想想的階段？它有沒有變成一種發自內心深處的、被稱為靈魂吶喊的強烈願望？

如果你光用腦筋想想，那麼這個願望，就只是「有機會就去做」的程度

而已。因此，假設公司準備開發新產品了，如果遇到沒有適合的技術人員來負責、需要鉅額投資去擴充設備等難題時，你的大腦會照單全收地去接受，並臣服於這些困難。因為你透過理性和常識去思考：「我本來想要這樣做的，但有各種問題必須解決，所以我理解到這個願望是無法實現了。」

愈是用腦筋去思考去理解的人，愈會自行導引出「原本想這麼做的願望是無法實現了」的結論。我創造了一個名詞，稱這樣的人為「狀況對應型的人」。

另一方面，從內心深處產生「我想這麼做」的強烈願望的人，則是「原理原則型的人」，他們已經把願望昇華為信念，所以總是想著「無論面對多麼困難的局面，都要想方設法解決問題並實現目標」。

事實上，創意巧思和奮鬥精神正是從這樣的思維中誕生的。當我們理解到「情況對我們不利」時，就算自己的願望多麼不切實際，我們會選擇放

棄？還是選擇在下個瞬間鼓起勇氣，不斷投入努力和創意以克服問題？不同的選擇，將產生截然不同的結果。

在人生這條路上以及企業經營這條路上，能取得傑出成就的人、沒取得傑出成就的人、以及那些平平凡凡踏步前行的人，他們之間的差異，就在這裡。我希望各位都能從靈魂深處迸發出信念，成為「原理原則型的人」。

Q3

強大的意志從何而來？

我在經營公司的過程中，悟出了一個道理，「如果領導者無法使企業轉虧為盈、無法讓公司賺錢，這絕對說不過去」。當然，在經營公司的最初兩個月或三個月，可能會出現虧損的情況。但如果半年過去了仍不賺錢，我就會抱持懷疑的態度。因為我認為，只要有強大的意志力，公司一定可以轉虧

為盈。

能證明我這席話的實際例子就是，即使陶瓷零件每年價格不斷向下調整，仍然能夠獲利。舉例來說，過去電子零件中的電容器，曾經讓京瓷賺取了龐大的利潤，但在需求急速下降和競爭白熱化的雙重夾擊下，售價下調了好幾成，不僅無法獲利，還出現了巨大虧損。我評估如果在日本國內的工廠生產，虧損可能會持續一年以上；即使將產線轉移到中國上海的工廠，一開始也一定會虧損。

然而，我們沒有放棄，我們不斷努力尋求獲利的方法。現在這項產品不僅轉虧為盈，還讓公司的合併利潤提升了一〇%以上。這項產品甚至還設下了更進一步的獲利目標。

曾有一段時間，電容器的價格與過去業績最好的時期相比，下降了將近一半，所以生產電容器被認為是賠錢的生意。但我們從這個低谷重新奮起，

最終達成了超過一〇%的獲利率。

在如此嚴峻的經營環境中，會遇到諸如日幣急升、每年售價急降等狀況，都需要強大的意志力才能讓公司持續獲利。當你聽到「強大的意志力」時，可能會聯想到「外顯的鬥志」，但這裡所謂的強大意志力，是指從相信自己的無限可能所衍生出的「內化的鬥志」。

我接下來的這個比喻可能不太恰當，但據說法國軍事家拿破崙・波拿巴（Napoléon Bonaparte）曾留下充滿自信的一句話：「我的字典裡沒有不可能這個字」。我雖然不會說出如此桀驁不馴的話，但若問我本身強大的意志力從何而來，我會回答：「來自內心相信自己辦得到的樂觀思維。」

換句話說，必須相信這是「有可能的」。就算所有人都認為「不可能」的時候，只要自己內心深處堅信「絕對有可能」，強烈的意志就會一湧而出。強烈的意志，正是源自於相信自己一定可以的心。

當相信自己一定可以時，即使陷入困境，你依然能抱持「總會有辦法」的正面態度，窮盡一切智慧也要找出辦法。你會竭盡全力去思考「我應該如何打開這個僵局？」或是「如果過去的方法都不行，那麼一定還有其他更好的方法值得一試」。

你是要認為「在如此嚴苛的經營環境下，公司很難獲利」？還是要相信「一切一定有可能」，然後找出能克服眼前重重困難的方法？不同的選擇，將導致截然不同的結果。強烈的意志與相信自己的可能性，並不斷湧出創意巧思，這兩者有著密不可分的關係。

各位真的不能小看人類的智慧和意志所擁有的力量，當幹勁湧現，沒有什麼是辦不成的。這正是人類所擁有的不可思議力量，當我們放棄並認為「沒戲唱了」的時候，就會失敗；當我們憑藉強大意志認為「必能殺出一條血路」時，就會步上成功之路。

第8條

燃燒的鬥魂

——經營所需的強烈鬥志更勝於任何格鬥技

我哪可能會輸

我常常在想：經營公司時，不可或缺的正是格鬥技世界所必備的「鬥魂」。所以那些連架都不曾跟人吵過的老好人，最好趁早把社長的位置讓給擁有鬥志的人。

不管用什麼瑰麗詞藻去美化經營，經營總會伴隨著企業間的廝殺與競爭。就算只是擁有二到三名員工的小公司，經營者在與同業競爭時，都應該為了保住員工飯碗，而激起強烈的鬥魂與鬥志。如果做不到這一點，絕對無法贏得競爭。

身為一個經營者，不可欠缺「我哪可能會輸」的堅定想法。這個想法的激烈程度，就好比在對即將被市場競爭打敗的員工說：「我會用機關槍在你們背後掃射，你往後逃橫豎也是死，不如就抱著必死的決心向前衝！」這麼

偏激一樣。

不能被嚴峻的經營環境打敗

然而，我所謂的「鬥志」，並不限於不能輸給競爭對手。經營公司時，就算在企業競爭賽中打贏了勝仗，就算全力以赴經營好一家公司，也要面臨各種無法預測的變動因素，像是日圓升值等經濟環境的改變，以及國際之間的衝突，甚至是天然災害的影響。

像這一類的經濟變動、國際情勢變化或天災，不能歸咎於經營者。但我們也不能以此為藉口，輕易就允許業績下滑。如果想實現企業的成長和發展，我們必須克服無法預期的狀況，才能朝業務擴張的目標邁進。

京瓷也是如此。京瓷能走到今天，一路上絕非一帆風順。創業至今，

京瓷經歷了許多挑戰，像是受到尼克森衝擊的影響，日圓改採變動匯率制；受到石油危機的波及，全球出現前所未有的不景氣；因為製造了半導體、汽車，導致日美貿易摩擦白熱化；廣場協議後的日圓急速升值；泡沫經濟崩壞後的長期景氣低迷；雷曼兄弟破產導致了全球金融危機；歐洲各國財政危機引發了景氣衰退。以上一波接著一波的景氣變動，一再衝擊著日本的產業界與經濟。

不少企業在這些洪流中跌倒、衰退甚至被淘汰。而京瓷卻能在正面迎擊各種經濟波動的同時，持續實現成長與獲利。

為什麼會這樣？因為我以及承襲我精神的京瓷經營團隊，都懷著「哪有可能會輸」的強烈想法——也就是用所謂的「鬥魂」在經營公司。無論遭遇何種景氣變動，都能不被擊垮，都要不斷付諸努力與創意，並朝著成長和發展的目標邁進。

只要不受景氣或經濟變化影響去產生情緒上的波動，無論處於任何的經營環境中，都能憑藉鬥志不斷付出不輸給任何人的努力，如此必能把腳下的曲折險路開拓成康莊大道。當公司面臨嚴峻的經營環境，努力不被擊垮，繼續追求成長和發展，也是鬥志的一種表現。

豁出性命也要保住員工和公司

此外，這個「燃燒的鬥魂」中，也包含著類似母親懷抱孩子時，所流露的深情，一種充滿愛與溫柔的「鬥魂」。

例如，小鳥爸媽看到幼小的雛鳥受到猛禽攻擊時，會奮不顧身地站出來勇敢保護自己的孩子。你可以看到小鳥爸媽的小小身體裡，迸發出為保護孩子所展現的強大而駭人的鬥魂。

身為一名經營者，若想扮演好經營者的角色，我認為必須擁有這種「鬥魂」。就算是原本個性柔弱、不曾與人吵架、一點鬥魂的跡象也沒有的人，一旦成為了經營者，就會為了保護眾多員工而毫不猶豫地挺身而出。如果不能成為這樣的經營者，就無法獲得員工發自內心的信任。

為什麼經營者能做到這一點？我認為，是受到「無論如何都要保護自己的公司和員工」的強烈責任感驅使。擁有責任感，就會變得沉著冷靜。

在日本，許多經營者不僅無法保護公司免受外部威脅，甚至只懂得汲汲營營於自身的利益。我們經常可以看到這樣的例子：當公司出紕漏時，經營者不願站出來負責，反而讓下屬承擔責任並離職。我認為這就是選錯領導者造成的。

如果經營者具備面對任何經濟變動絕不認輸的氣魄、豁出性命也要保護員工與企業的責任感，那麼無論在任何時代，企業都能實現成長和發展。

要點

是否擁有絕對不認輸的鬥志與「燃燒的鬥魂」？

不管面對競爭對手或嚴峻的經營環境，是否都能展現不屈不撓的鬥志？

是否能不向經濟變動低頭，不斷投注努力和創新並追求成長發展？

無論面臨何種風險，都能負起保護員工的責任嗎？

是否能承擔身為經營者該承擔的責任，而不是汲汲營營於民哲保身？

補充說明

Q1 戰勝自我的鬥志是什麼？

你有沒有近距離觀看拳擊比賽的經驗？因為激烈的肉搏戰就發生在眼前，所以你能清楚聽到，拳擊手套打在臉上和身體上所發出的聲音。當拳擊手被打到臉部掛彩，鮮血不僅會飛濺到對手身上，也會飛濺到周圍環境。這是一種鬥志和鬥志之間激烈的碰撞。

一站上拳擊擂台，原本就具備強烈鬥志的拳擊手，會表現出狂妄不服輸的態度。另一方面，如果是普通程度的拳擊手，站上擂台通常會緊張害怕到腳軟。尤其在面對世界冠軍這種等級的強敵時，心生恐懼是理所當然的事。

面對這樣的比賽，最重要的事情就是，能不能克服站上擂台時所湧現的恐懼。這些拳擊手每天都會進行激烈的打鬥訓練，理論上應該已經習慣了這

一切，但當真正站上比賽擂台，他們還是會感到腳軟害怕。

因為他們都是認真過日子的普通人。而不會感到腳軟害怕的人，往往都是狡猾懶散之人，他們具有蠻勇的精神，所以在某些地方會顯得躁進魯莽。相較之下，會感到腳軟害怕的人更加謹慎小心，在防禦方面能有更傑出的表現。因此，比起蠻勇之人，普通人激起真正的勇氣和鬥志進行戰鬥時，往往更加強大。

經營公司時，必須面對各種修羅場，舉凡與同業互相競爭、為客戶解決問題、幫公司擴大業務等，在這些時刻，恐懼都會不可避免地湧現，也可能出現腳步踉蹌、懷疑自己走不下去的局面。想要克服這些局面，就需要有高喊「沒什麼大不了！」的鬥志。第七條提到的「強烈意志」是隱藏於內的，而現在提到的，是熊熊燃燒的顯現於外的鬥魂。

Q2 以善良的心投入經營，就不需要鬥志了嗎？

展現美好的生活方式，以美好的人格來對待他人，這樣不僅能打動對方的心，對方也會以同樣的方式來回報你。身為一個經營者，不僅要感化員工，還要影響和改變所有與公司相關的人，讓他們做到思善行善。能做到這一點，善的循環必然也會回報到經營者身上。這是世界的真理。

然而，請大家不要誤會了。提升心性固然重要，但這並不意味著「擁有一顆善良的心就夠」。僅憑溫柔美好的心，沒有足夠的氣魄去面對棘手的盈虧問題與不景氣現況，就不可能讓企業在困境中繼續發展壯大。即使遇到非常不景氣，也必須要有「無論如何都要提高營業額，確保獲利」這樣的強烈決心。

這個道理不僅適用於單一企業的經營，對於長期停滯的日本經濟也同等

適用。如果我們要打破當前日本所面臨的困境，重新走上經濟成長的路，日本每一家公司的每一位經營者，都必須發揮無比強烈的鬥志才行。

為了讓各位理解這一點，我想引用一篇我過去所寫的文章。這篇文章是一九九一年十二月發行的京瓷社刊的首篇文章。一九九一年，京瓷迎來了創立三十二週年，大家都擔心京瓷會不會染上大企業的積習。我在題為「京瓷的員工們，拿出鬥志吧」的開篇文章中，語重心長地向員工們傳達了下面這段話。

我最近對於京瓷內部鬥志不足的情況感到擔憂。我覺得不顧一切向目標邁進的魄力正在逐漸消失中。

經營公司時，鬥志與才能、領導力，並列為三大不可或缺的要素。我們絕對需要像土佐犬一樣，咬住目標不放般執念深厚的鬥志。如果沒

有為了輸贏不惜奮力拼搏的氣魄，將一事無成。

所謂鬥志，並不是隨心所欲就好。你必須能夠控制鬥志，而控制鬥志的就是你的「靈魂」。在靈魂的主導下，在應該展現鬥志的時候展現它，在不應該展現鬥志的時候則去抑制它。

如果搞不清楚這一點，就會失去鬥志，迎來本末倒置的結果。如果這樣的員工增加，公司將無法成長，所以為了公司、為了部下，身為管理者的我們必須努力做好這一點，這是我們的職責。

經營公司本身，是一種「意志」。經營者需要堅定的意志去貫徹自己想這麼做、決定要那麼做的事情。因此，即使制定了年度計劃或每月目標，如果不能付諸實現，這樣的人，就是不適任的領導者。

經營環境不斷變化，無論是全球經濟或是日本經濟，貨幣匯率和訂單狀況都在不斷改變。在這樣的環境中，我們必須憑藉堅定的意志做好

臨機應變，以達成我們設定的目標。

此外，意志不僅僅作用於自己身上，也要將意志滲透到集團之中，讓它變成帶領大家向前的鬥志。

如果只是以「我們已經盡力了，但就是辦不到，這也是沒辦法的事。下個月大家再加油吧！」的心態，覺得自己已經夠拚命夠努力了，那就絕對不可能變強。

我覺得現在的京瓷，完全命中這樣的狀況。

我曾經對員工說過：「好吧，既然你做不到，那我就用機關槍從後面射擊你，反正你往後面逃竄也是死路一條，不如就用死不足惜的氣魄拚命向前衝吧！」我用會讓員工聽了心生害怕的氣魄說了這段話。有時候身為領導者，為了達成目標，不得不使出這樣的殺手鐧。

如果設定了目標，這次無法實現，下次也無法實現，當失敗接二連

三地出現，那麼這支作戰部隊就完了。它會變成一個不曾打過勝仗、也不知道打贏勝仗是什麼滋味的集團。

就拿最近我們公司的年度計劃以及每月目標來說，儘管大家很認真很努力地朝計劃與目標去做，就是無法成功達標。而且，還把結果輕輕放下。之所以會變這樣，都是因為領導者缺乏我剛剛所說的鬥志、氣魄以及堅定的意志力。貫徹意志對於領導者本身來說，是一件非常辛苦的事，對於下屬來說也同樣辛苦。正因為如此辛苦，才需要拿出百折不撓的鬥志，否則事情就無法按計劃、按期望去實現了。

然而，鬥志和意志力就像是雙刃劍，如果不小心操控錯誤，可能導致自己、部下以及整個集體面臨毀滅性的危險。所以，提高人性品格、提升心靈心性有其必要。

那些不能發揮鬥志與意志到快要越線的地步、只會說「算了，大家

都這麼努力了，辦不到也是沒辦法的事」的人，雖然不會讓集團面臨毀滅，但也不會讓集團變得強盛，當然也不會讓集團實現遠大的目標。

這樣的人不可能會傷害周圍的人，所以也沒必要去提升心性。或許應該這麼說，那些擁有鬥志與意志力、在工作中表現傑出並且能讓公司以及事業有長足發展的人，當他們的負面特質浮現時，會對組織以及身處於組織的所有人帶來破壞性的危害，所以他們更需要去提高品性與提升心性。

我並不是要大家都成為「聖人君子」。在經營公司和發展事業方面，必須具備卓越的才能與領導力，以及熾烈的鬥志和堅強的意志力。鬥志和意志出自於本能之心，它們非常必要，但如果被不當使用，將會對組織帶來嚴重危害，所以我才會說：必須磨練心靈以控制好它們。

以上就是我以前在《京瓷社刊》的開篇文章中，所提到的內容。我們當然需要一顆為他人著想的美好心靈。但僅憑善良美好的心，企業會在市場競爭中嚐到失敗，並慘遭淘汰。時代正在發生巨變，經營環境也跟著瞬息萬變。正因為處於如此混沌不明的狀況中，我們更不能被狀況牽著鼻子走，要用不向環境認輸的精神吶喊「沒什麼大不了！」換言之，我認為「鬥志」是成為卓越經營者不可或缺的條件。

經營公司時，如果我們體認到美好心靈的必要性，並且努力地培養它，即使拿出宛如猛虎出閘的激烈鬥志，來經營公司與面對人生，也絕不會走錯方向。我相信美好的心靈就像羅盤一樣，會指引我們前進的方向，帶我們走向正確的坦途。

第9條

拿出勇氣做事

——不可有卑怯的舉止

貫徹原理原則

為什麼要特別強調「勇氣」的重要？首先，在判斷事情的時候，需要勇氣。我在管理企業時，只要依循「生而為人，何為正確」這個原理原則進行判斷，就不會犯錯，所以我一直堅持貫徹這種作法。然而，每當我們必須依循這樣的原理原則做出判斷並得出結論時，就會出現各種干擾，這些干擾常常會影響我們去做出錯誤的判斷。

舉例來說，當你想要收購工廠用地時，當地極具影響力的政治家可能會出面干涉；當公司內部發生不光彩的醜聞時，探聽到這項消息的反社會組織，可能會主動聯絡你。

這種情況下，判斷標準可能不再是「生而為人，何為正確」這個原理原則，而是盡快讓事情和平落幕、避免引起不必要的風波就好了。我所強調的

「經營者要拿出真正的勇氣」，就是在這種情況下。

即使遵循原理原則做出決定而受到威脅，即使因此災禍臨頭、受人誹謗，一個真正有勇氣的經營者也能坦然接受一切、不退怯，斷然做出對公司最好的決定。

「我這麼做會不會被威脅」、「我會不會被其他企業家們看不起，甚至被排斥」當這些疑慮浮現腦海，你會變得愈來愈無法做出正確的經營判斷，原本三兩下就能輕易解決的問題，也變得錯綜複雜了起來，最後甚至變得解決不了。

這都是因為經營者缺乏真正的勇氣，才會導致這樣的局面。基於原則原則做出正確的判斷時，絕對需要「勇氣」。我認為，對於缺乏勇氣的人，不能期望他們能做出正確的判斷。

擁有從知識昇華至信念層面的「見識」

一個經營者如果缺乏勇氣、非常膽小、做事猶豫不決，這種態度會立刻感染到下面的幹部和員工。當員工看到經營者的表現竟是如此窩囊時，對他的尊敬與信賴就會蕩然無存。

而且，經營者的窩囊表現，還會在公司內部像野火燎原般蔓延開來。在膽小的經營者底下工作的員工，面臨重要的場合時，也會覺得妥協才是上策，往往不自覺地流露出唯唯諾諾的卑怯行為。

經營者所需的勇氣，換成另一個字眼來說，就是「膽識」。我曾在精通東洋古典學問的安岡正篤先生的作品中，讀到有關「知識」、「見識」與「膽識」的文章，深感獲益良多。

所謂「知識」，是指在理性的層面上所理解到的各種資訊。然而，即使

擁有大量知識，也僅僅停留在理解其內容的程度，其實意義並不大。所以我們應該要把「知識」昇華成「見識」。所謂「見識」，是指把「知識」提升到信念的層面上，是自己不僅理解、更深信不疑的信念。

只有具備這樣的「見識」，才能稱得上是經營者。就好比常常有人說，身為經營層級的第二把手，並不需要「見識」，只要有「知識」就可以勝任。而身為第一把手的社長，因為必須做出判斷，所以如果沒有「見識」，也就是如果缺乏信念，就無法做出正確的判斷。

擁有「膽識」方能成為真正的經營者

然而，如果想成為真正的經營者，就必須具備「膽識」。所謂「膽識」，是指在「見識」的基礎上加入膽子，也就是加入勇氣，並在所謂的

「靈魂」層面上信念堅定，因此會讓你對於各種干擾都無畏無懼。

當你具備這樣的「膽識」，無論什麼障礙豎立在眼前，你都能做出正確的判斷，勇敢地主掌經營之舵，帶領企業走向正確的方向。

這樣形容可能有點粗魯，但在認真經營公司時，經常會遇到像是「累到解出血尿」等非常淒慘的狀況。這時就是檢驗一個經營者，是否能拿出真正的勇氣的時刻。我們希望各位都能拿出發自靈魂深處的勇氣（膽識），做出正確的判斷，以萬無一失的姿態把公司經營得有聲有色。

要點

是否能貫徹「生而為人，何為正確」這個原理原則？

是否不以「盡快讓事情和平落幕，避免引起不必要的風波」為判斷基準？

身為經營者，是否沒將膽小怕事的風氣傳染給員工，讓員工覺得妥協就好？

是否擁有從知識昇華成信念層面的「見識」，進一步加入勇氣再昇華成的「胆識」？

是否能拿出發自靈魂深處的「勇氣」，做出正確的判斷？

補充說明

Q1　對領導者來說，最重要的勇氣是什麼？

「經營十二條」中，第七條的「經營取決於堅強的意志」、第八條的「燃燒的鬥魂」以及第九條的「拿出勇氣做事」，乍看之下，這幾條是一連串相似的內容。我之所以特別列出第九條的「拿出勇氣做事」，是基於以下這些原因。

對於經營者和領導者而言，承認自己的錯誤並勇於改進，是勇氣的最高表現。犯錯時，大多數的人只會逃避或找藉口，這一幕看在下屬眼裡，是非常窩囊可恥的行為。坦然承認自己犯下的錯誤，並將錯誤改正，這是非常需要勇氣的，是勇氣的極致表現。

如果缺乏這種真正的勇氣，下屬將失去對領導者的信任。各位可以想像

一下，如果你釀下過錯卻不道歉，假裝沒事一樣只想粉飾太平，下屬就會覺得你不值得信任，往後你這個領導者就算向下屬畫了多麼光明美好的願景，下屬不會把你的話當一回事，也不會追隨你。一旦失去下屬的尊敬和信任，甚至被下屬輕視，那你這個領導者就形同失去領導資格了。

犯了錯，就該坦然認錯並道歉，絕不能逃避責任。有些領導者會在下屬面前逃避責任，編出強詞奪理的藉口，只為了證明自己是站得住腳的。這就是卑怯的舉止行為。其實一切對錯，下屬都看在眼裡，而這樣的領導者，連經營者的邊都沾不著。

拿出勇氣做事之前，首先不可以出現卑怯的舉止，這一點非常重要。所以我才會在第九條的標題旁邊，加上「不可有卑怯的舉止」這個副標。

Q2

貫徹正義時需要什麼？

「臨事有勇」的精神，是經營者或領導者在做出判斷之際不可欠缺的核心價值。然而，做出的決定並不一定保證能帶來美好的結果。萬事萬物都同時存在著作用力與反作用力。即便你認為做的決定是對的，在做出決定的時候，也一定會產生反作用力來干擾你。

就算你知道自己的決定是正確的，但一想到可能引發的副作用，又會讓你不禁猶豫並懷疑：「我這樣決定是否不對」。甚至，你為了避免副作用帶來的不利影響，開始挖空心思想對策，結果變得無法做出決定。

「必須這樣做，我認為這就是結論。不過這樣做的話，會引發非常大的副作用。雖然很想這麼做，但如果會給自己帶來麻煩，那還是改變一下作法吧！」當你這麼一想，然後開始尋求折衷的作法，結果往往是，要嘛做不了

決定，要嘛把兩個決定加起來除以二，做出一個不倫不類的決定。沒有決斷的勇氣的領導者，以如此這般的模式做決策，公司的經營當然不可能順利。

即使做出了你認為對的決定，也一樣會遭人非難，也一定會遇到許多意想不到的難題與負面的影響。但身為領導者，必須在充分了解這些負面影響的前提下，覺悟到：「無論如何現在都必須這麼做，這是正確的決定。就算這個決定會帶來負面結果，我也會勇敢承受。我打算親自處理這些負面影響」。唯有提起不畏艱難的勇氣，才能做出決定。提不起勇氣的人，只能做出一個折衷的、不倫不類的判斷，而這樣的判斷絕對無法帶來好的結果。

因此，我們必須擁有「我正在做對的事情」的堅強信念。一旦冒出懷疑的情緒，勇氣就會提不起來。我認為只要擁有「我正在貫徹正義」的信念，真正的勇氣就能湧現。

Q3 如何才能勇氣加身？

領導者想要勇氣加身，不可欠缺帶領集團朝向目標邁進的「大義」。換句話說，只要秉持著能夠保護整個集團的大義，所謂的勇氣就會自然湧現。

那麼，該如何秉持大義讓勇氣加身？就在我為此問題困擾的時候，突然注意到一件事。相信大家都有在電視上看過類似的畫面，如在初春時分，雲雀媽媽會在原野築巢孕育雲雀寶寶，不過鳥巢會遭到老鷹和黑鳶等猛禽的攻擊。

這時，有些雲雀媽媽會為了保護寶寶而挺身而戰，有些則會為了讓寶寶不受攻擊，把自己當成誘餌引開猛禽。或許這就是本能使然，身形弱小的雲雀媽媽從巢中飛出時，不管自己會不會受傷，反正就是一個勁兒地拍打翅膀，只為了盡量遠離巢穴以引開猛禽。當雲雀媽媽察覺到猛禽正要去攻擊寶

寶，牠們還會假裝自己受傷，用自己的身體為代價來吸引猛禽襲來，只為了保護巢中的雛鳥。

動物所謂的母性或父性的本能，會在一旦需要保護孩子的時候自然而然流露出來，就算獻出自己的生命也要保護下一代的習性，是與身俱來的本能。我認為這才是真正勇氣的表現。

然而，人類並非完全按照本能行事。身為一個領導者，如果真的很愛護集團、很想要守住集團，就必須要有「為了集團，自己粉身碎骨也在所不惜」或是「犧牲自己也沒關係」的覺悟。當你有了「失去名譽、地位等一切也無所謂」甚至是「犧牲生命也無所謂」的覺悟時，才能真正體會到什麼叫做勇氣加身。

集團的強弱，取決於率領該集團的領導者是否擁有足夠的勇氣。不蠻幹、擁有膽大心細的心理素質、舉著大義之旗守住集團，同時展現對人的愛

與關懷，這樣的領導者，自然就能流露出真正的勇氣。

第10條

不斷從事創造性工作

——不斷改進、改善並產出創意，讓明天勝過今天，讓後天更勝明天

沒有公司一開始就擁有傑出技術

大名鼎鼎的美國記者、同時也是普利茲獎得主的大衛·哈伯斯坦（David Halberstam），在他的著作《下一個世紀》（阪急通信出版）中，用了一整個章節的篇幅介紹了我這個人。而他在通篇的最開頭，還引用了我曾說過的這句話：「我們接下來想做的事，是別人說我們永遠不可能做到的事。」

事實上，京瓷很早就開始使用一種名為精密陶瓷的新材料，並將這種原本無法成為工業用材料的精密陶瓷，定調為工業用材料，還讓它發展成規模達好幾兆日圓的產業，所以稱京瓷是市場的領先者一點也不為過。

換句話說，京瓷利用精密陶瓷所具備的傑出特性，開發出ＩＣ封裝，促進半導體產業的快速成長，並且及早跨足人工骨骼等生物醫療用材料的研究

領域，以精密陶瓷業界的領先者之姿，為社會做出貢獻。

京瓷之所以能發展出如此獨創的事業，許多人都覺得要歸因於，京瓷強大的技術開發能力。然後看看京瓷，再看看自己，便不禁感嘆：「我們公司就是因為沒有那樣的技術，所以當然無法有那樣的發展。」

但我不這麼認為。我想應該沒有任何一家中小企業，一開始就擁有傑出的技術。是否能不斷從事創造性工作，每天不停改進和改善，讓明天勝過今天，讓後天更勝明天，這樣的心態將決定你是否能夠實現獨創性的經營。

貫穿所有事業的共通真理

我常常以打掃為例來說明這個道理。舉例來說，打掃是一種看似不需要發揮創意與巧思的雜務性工作，但實際上並非如此。面對打掃工作時，我們

不應該每天都用相同的方式，而是應該去想：今天用這種方式打掃，那明天就用那種方式打掃，然後後天再試著用另一種方式打掃，在過程中去尋找出能讓效率漸漸提升的方式。如果一年三百六十五天，每天都能將前一天的打掃方式稍微改善，就是源源不絕的創意與巧思的證明。

實際上，為東京站等地區的新幹線車廂提供清掃服務的清潔公司，愈來愈備受矚目。這間公司將過去只是在幕後進行的車廂清潔工作，重新定義為與客戶直接接觸的服務業，要求員工透過主動參與的方式，提供充滿創新與巧思的清掃服務。這麼做不僅提升了員工的工作動機，也順勢拉抬了業績的成長。

同樣的道理，如果我是一位以清掃為業的公司經營者，我會付出不輸給任何人的努力，透過日復一日的創新，實現意想不到的發展，成為日本第一、甚至是世界第一的清潔公司。

一天的改進可能微不足道，但經過一年三百六十五天的日積月累，小改進也會匯聚成為大改變。這道理不僅適用於清掃行業，也適用於所有領域。世上所有的大發現和大發明，都是透過這樣一步一腳印的努力所累積而成。

不管各位所經營的公司是屬於哪個產業領域，如果能將「每天不以同樣的方式重複做著同樣的事情，經常從事創造性的工作」，作為公司的經營方針，並由經營者帶頭示範，那麼在三到四年後，貴公司必定能蛻變成一家能夠開發出優秀技術的創新企業。

用未來進行式來看待能力

京瓷也是如此。雖然今天的京瓷所推行的多角化經營，已經遍及各個技術領域，但其實最一開始的京瓷，只是一家擁有冷門的精密陶瓷技術的公

司。

換言之，沒有公司一開始就能開發出獨創性的產品、從事充滿創意的經營，必須透過日復一日不斷的改進和改善，努力不懈地投入創意和巧思，才能開花結果。

這時，最重要的心態便是「用未來進行式來看待能力」。也就是說，不去考慮自己目前的能力可以在未來做些什麼，而是直接決定在未來的某個時間點，必須達成現在看起來很難達成的高目標。然後，專注瞄準那個高目標，為達目標不斷提高自己的能力、不停付出相應的努力。

舉個例子，如果在自己所設定的未來的某個時間點上缺乏某些技術，就必須去思考如何去提升自己的能力，其手段還包含，去尋找甚至雇用擁有相關技術的人才。

如果只憑現在自己擁有的能力，去判斷自己辦得到還是辦不到，那麼面

對新事物時，應該都會認為自己辦不到。只有想盡辦法去實現那些現在辦不到的事情，才能讓企業蛻變成創新的事業或創造性的企業。

在此強烈的動機下，走在日復一日不斷創新改進的路上，始能遇見創新的事業以及獨創性的企業。

要點

是否注重「創造性工作」，不斷進行改進和改善？

是否每天不斷努力於改善，希望發展出獨創性的事業？

經營者是否為員工帶頭示範什麼叫做「創造性的工作」？

是否以未來進行式來看待自己的能力，而不是只看現在能做什麼？

是否設定了未來某個時間點的目標，每天不斷朝著目標努力？

補充說明

Q1　到底要想到什麼程度？

我常常向大家灌輸一個觀念：「想法一定會實現」。想得愈強烈，事情就愈可能實現，這是無庸置疑的真理。

但是，只是強烈地去想，並不足以實現。如果內心懷抱著「我一定要讓這個事業成功」、「我一定要達成這個高目標」如此強烈的願望，想當然爾，就必須接著去考慮能讓願望實現的策略和戰術。身為領導者，必須仔細去推敲：該用什麼方法？該如何進行？才能實現願望。

如果你真的想達成某個目標，你腦中必然如湧泉一般，汩汩湧現出各種解決的方法。如果你腦中什麼也湧現不了，代表你想得還不夠，代表你的願望還不夠強烈。

更重要的是，腦中湧現的解決方法，還需要不斷重複著精密的排演與模擬。特別是想要發展新事業時，必須在腦中想像實際進入市場時會發生的狀況，並針對狀況擬定具體的解決方案。你要讓大腦不斷進行排演模擬，甚至就連成功達成目標時充滿喜悅的場面也都一併模擬。當你思考得愈深入、愈仔細，就愈能把所思所想變得歷歷在目。相反的，如果你看不到成功後的樣子，或是達成目標後的畫面，那你最好不要開始。

這就好比是在下圍棋或下將棋，會考慮到接下來的十幾步該怎麼走的道理一樣。「我如果走這一步，對方就會走那一步，所以我要這樣反擊」就像這樣，一邊模擬對方的行動，一邊在腦中調整下一步棋的對策，模擬到最後，甚至就連自己贏得比賽的一幕也清楚浮現眼前。這一幕不能是黑白畫面，必須是色彩鮮明的彩色畫面才行，因為畫面愈清晰，愈可能實現。

這麼說或許聽起來有些怪力亂神，但老實說，每當我在發展事業的時

候，經常能夠清晰看到未來將會如何發展。一九八四年創立第二電電（現在的KDDI）時便是如此。當時我們冒著很大的風險去挑戰新事業，成為當時國營企業巨獸的電電公社（現在的NTT）的競爭對手，所以照道理說，我們一路上必定是充滿了不安與擔憂。不過，由於我強烈渴望著，「讓國民負擔低廉的通信費用」，自從創立第二電電以來，不僅將其變成上市企業，還逞想像之能事，不斷模擬並描繪出類似今天的KDDI原型。

所以，我沒有任何一絲的不安，因為我已經清楚看見第二電電的成功。許多參與第二電電創立過程的人都知道這件事。當時常常聽到，「那就像會長兩年前說的那樣」這一類的話。也就是說，我會把兩三年後即將發生的事情，在會議桌上和大家說明，並說出「之後會經歷怎樣怎樣的過程，得到怎樣怎樣的結果，所以我們要怎樣怎樣應對」這一類的話。

我們的競爭對手來頭都不小，除了NTT這個業界龍頭大企業之外，還

有日本電信公司和日本高速通信公司，我們隨時要根據對手的招式做出即時的反應，照理說不可能完全料中才是。但實際上，一切都如我先前預言的那樣發生了。

例如在我們開始提供長途電話服務時，其收費標準就完全料中。當時，東京打到大阪的長途電話，NTT收費三分鐘四百日圓，而第二電電只收費三分鐘三百日圓（比NTT便宜二五％）；亮點區間的名古屋打到神戶的長途電話，NTT收費三分鐘兩百六十日圓，而第二電電只收費三分鐘一百三十九日圓，幾乎是NTT的半價。第二電電所有區間的平均收費都比NTT便宜二〇％，而這些數字，跟一年前我跟幹部們說的數字完全一樣。

這些數字是我們不停模擬推演、不停自問自答「相較於NTT的收費，我們要如何收費才能獲得使用者滿意度？」以及「在不賠錢的前提下，我們的收費還能變得多便宜？」之後，所得到的數字。

其後，電信市場百花齊放，各家新興電信公司湧入爭奪市場大餅。相較於其他新興電信公司，第二電電憑藉著壓倒性的線路數量，一躍成為新興電信公司的龍頭。

Q2 在進行創造性工作時，最重要的是什麼？

進行全新的開發時，必須「樂觀地構想、悲觀地計劃、樂觀地執行」。這個邏輯乍看矛盾，其實不然。

首先，當你想著「我要做這件事」的時候，必須樂觀，不要悲觀地想「這不容易、這很困難」。

不過，當你實際去擬定具體開發計劃時，因為要正視嚴峻的現實、釐清即將遇到的困難，所以這時應該悲觀。

接下來，當你說出「好吧，就這樣做」並進入執行階段時，不要去想困難的一面，而是要樂觀地認為「絕對能成功」，這才是從事開發工作時該有的心態。

創業初期，我曾帶著我們開發的新產品，前去大型製造商那裡推銷。該公司的一名研究人員當場問我：「你們能製作出這種陶瓷零件嗎？」

我立刻回答「我認為可以」，並接著問他「這個零件是用來做什麼的？」，這位研究人員春風滿面地回答我「我們接下來要開發一款新的真空管，就會用到這個零件。新的真空管有〇〇的性能，能發展出〇〇的用途」，為我們詳細解釋了一番。聽完他說的話後，我回到了公司。

我緊急召集公司幹部，並對他們交代來龍去脈：「我去拜訪客戶，客戶問我能不能做出這種東西，我說能。這是一個足以影響電子業界未來發展的東西，極富意義，我們當然要想辦法把它做出來。」我明確定義了開發這

項零件的價值，試圖鼓舞大家的士氣，並凝視著每個人的臉龐，持續說服他們直到全員都湧現出幹勁。我就是這樣堅持不懈地解釋，直到大家甘於說出「那就做吧！」的承諾。

然而，當時我也有過這樣的經驗。我為了開發從未嘗試過的新產品，找來一些出身頂尖大學的聰明部下，與他們切磋討論，但因為有非常困難的技術問題需要克服，他們顯得意態闌珊。當我說「無論如何都要做」的時候，他們個個面露慍色，臉上彷彿寫著，「就連大型製造商的陶瓷部門的技術人員都辦不到的事，你卻輕易承諾，而且又沒有任何研究設備，你就說要做，沒人像你如此輕率了」。

當我滿腔熱血想開發新產品，一回到公司，以為大家也跟我一樣躍躍欲試，殊不知非但沒有，還不停往我身上潑冷水。這樣的經驗我有過好幾次，所以我學聰明了，每當我開始要開發新產品時，絕不會找既聰明又冷靜

的開發人員。相反的，我會刻意把會說出「這樣做好像很好玩」之類的話、個性稍微輕浮冒失的人安插在身邊。因為只要我帶頭說一句「這麼做，公司就能順利發展了」，這些人就會開朗熱情地順勢回應道「來做吧，讓我們來做」。這就是所謂的「樂觀地構想」。

不過，當需要具體擬定實驗計劃並進入製作測試的階段時，輕浮冒失的人就無用武之地了。此時我會跟聰明冷靜的人說：「你對即將面臨的困難瞭若指掌，不請你來擬定計劃還能請誰？」

然後，他們就會把自己最擅長的「哪個地方會出現哪種困難」的知識，全部教給我。就是因為他們很清楚這項計劃有多困難、有多亂來，才有辦法寫下一大堆注意事項，這些事項在之後就成了我們的全面指導方針。接下來的執行階段，就剩樂觀地推行這些方針即可。

如果在執行階段變得悲觀，會無法克服即將出現的各種困難。必須在

「我一定行」的信念下，樂觀地推進並執行。

一直以來，我都是靠以上的方法來克服開發所面臨的難題。從事創造性工作時，必須樂觀地構想、悲觀地計劃、再樂觀地執行。

Q3 公司永續發展所需的「四個創造」是什麼？

京都有很多發展得有聲有色的企業。為什麼京都會聚集這麼多這樣的企業？我認為它們都有一些共通點。

羅姆（ROHM）是一家生產半導體的優秀企業。羅姆公司的創辦人在就讀立命館大學期間，想出了製造碳薄膜電阻器這種，既能輕鬆實現阻抗、又容易量產的電子元件，並將此技術申請專利。畢業後，他沒有去別的地方上班，而是憑藉此專利技術創立了羅姆。

村田製作所的創辦人在戰前，曾經生產過清水燒的茶碗。到了戰爭期間，日本軍方得知歐美發達的電子機器產業裡，會使用到陶瓷製的電容器，於是下令各大學開始生產這類的產品。當時京都大學的教授發現，氧化鈦經過高溫凝固可以製造電容器的原理後，便邀請村田製作所的創辦人一起投入研究。這就是村田製作所發跡的源頭。戰後，日本迎來半導體的飛躍成長期。

我的情況也差不多。有趣的是，我們這些企業創辦人，原本都是素人。大家並沒有華麗而豐富的技術背景撐腰，每個人都是從素人開始，都是從「生產單一產品」投入創業。即使只有一個產品，只要拚命努力做好，也能成功。

不過，「生產單一產品」是非常危險的。如果這樣產品容易隨著時代變遷而慘遭淘汰，那公司就會破產。所以，必須尋求新的技術人員加入團隊，

或是去大學院校尋找新技術導入的可能，總之必須想盡辦法讓組織變得創新和活化。

京瓷也是如此。我從未想過自己竟然會跟新創事業牽扯上關係，我只是對於研究和銷售很有自信而已，才會不惜一切努力創業。而創業當時，我的公司只生產一項產品，就是賣給松下電子工業公司的映像管絕緣材料。後來，美國RCA公司生產了一款光以玻璃為原料，就能製造的平價絕緣材料，這款材料一傳到日本，我們所生產的唯一產品就變成風中殘燭岌岌可危了。事實上，我們的產品的確在兩三年內就被市場淘汰。

「可以幫忙做出這種配方的玻璃嗎？」我焦急地來回敲著，位於大阪的各個中小型玻璃製造公司的大門，但這項任務對於普通的玻璃製造公司來說，簡直是天方夜譚。因為配方要用到特別的硼矽玻璃，所以大家紛紛以「從未溶化過這種玻璃，這我辦不到」為由拒絕我。我自行買了熔化玻璃用

的坩堝，厚著臉皮哀求業者「至少讓我使用你們的窯爐吧」，但其實我連玻璃加工的經驗也沒有。我甚至不知道，必須要用特殊坩堝才能熔化硼矽玻璃，所以還把普通坩堝燒到底部熔蝕了，連窯爐本身也慘遭破壞。

儘管如此，我仍然想盡辦法要把硼矽玻璃製作出來，終於在我們唯一一項產品被淘汰之前，完成了壯舉。而且，我不僅開發了材料，也開發了用途。當時還是真空管時代，像日本放送協會（ＮＨＫ）這些廣播電臺，都會使用發送訊號用的大型真空管。我於是想到，「何不拿我們的新材料，來當真空管中的絕緣材料」。

但是，才過了沒多久，電晶體開始取代了真空管。隨著電晶體時代的到來，我們截止目前為止所建立的市場崩壞殆盡，完全歸零。也從那個時候開始，我們運用相同的材料來製作容納電晶體的封裝。這個產線的誕生，催生了後來的半導體封裝。

另一方面，高溫燒製而成的陶瓷具有「不易磨耗」的優點。我想利用這個優點，讓陶瓷更廣泛地使用在工業機械的易磨耗零件上。也就是說，將原本磨耗到不能用的金屬製零件，換成磨耗性強的陶瓷製零件。

由於我不知道我這個構想落實後，實際會應用在哪些零件上，所以我拜訪了許多製造商並詢問他們：「貴公司是否有金屬零件磨耗方面的困擾？如果換成物理特質完全不同的陶瓷零件，情況便會大大改善。」收集資料後，我才知道高速紡織機的導線器有零件磨耗的問題。直到今天，陶瓷仍被應用在磨耗狀況嚴重的防跳線器上。

我們接著挑戰同樣容易磨耗的泵浦零件，準備開拓此市場。以前經常可以看到因水箱漏水，導致整台車冒煙、在半路熄火的情景。冷卻系統（水箱）將冷卻後的水拿來冷卻引擎時，需要泵浦讓水不停循環，而泵浦運轉時，鑲嵌在其旋轉零件上的橡膠密封圈（又稱油封），很容易因為長時間的

使用而磨損，導致水箱漏水，甚至造成引擎燒毀。就算改用彈性大且不易磨損的優質橡膠來做油封，引擎燒毀的情況還是會發生。所以歐美地區早早就開發出以陶瓷和碳製成的油封了，我看到這個商機，於是對客戶來回推銷：「您如果改用我們製造的陶瓷零件，情況必能改善。」

大學時代，我雖主修化學，卻也很認真學習機械工學，這方面的知識在陶瓷的應用上幫了大忙。像是陶瓷車床的開發，進而在超精密氣動滑軌、多軸鑽床的軸承等方面找到陶瓷應用的可能，甚至發展到陶瓷引擎的製造，其他還有人造骨骼和再結晶寶石等各式各樣的應用。

我們重複進行「需求創造」、「技術創造」、「商品創造」和「市場創造」這四個創造，才有今天的京瓷。

第11條

以體貼之心真誠待人

——做生意要考慮對方。要做到買賣雙方互利互惠，皆大歡喜

就算犧牲自己，也要善待對方

體貼之心，換句話說就是「利他之心」。也就是，不要只是考慮個人的利益，而要心存「就算犧牲自己，也要善待對方」的善良心態。我認為在商場上，這種心態是最為重要的。

不過，應該很多人都覺得「在弱肉強食的商業社會中，體貼和利他等觀念很難實現」。因此，我想藉由下面的這個例子來證明——在經營的世界中，體貼之心至關重要，就像「好心有好報」這句諺語一樣，當我們對他人表達關愛，這份關愛會不斷傳遞給下一個人又下一個人，最後，這份關愛很神奇地又會回到我們身上。

即使收購或合併對方，也要盡最大可能為對方著想

京瓷的美國子公司中，有一家名為ＡＶＸ的電子零件製造商。一九八〇年代後期，京瓷為了成為一家綜合電子零件製造商，決定將世界級的電容器製造商ＡＶＸ公司納入麾下，於是向ＡＶＸ的會長提出了收購的想法。

這位會長也欣然接受，同意以「股票交換」的方式被收購。換句話說，雙方決定用紐約證券交易所當時所揭示的京瓷股票（當時每股八十二美元）來交換當時每股二十美元左右、高度評價後增加五〇％，變成每股三十美元的ＡＶＸ股票。

這項決議才剛通過，ＡＶＸ公司的會長很快就反悔，認為自家的股價被評為三十美元太低了，應該要增加到三十二美元才是。我們美國總部的社長和律師，對於對方如此不合理的要求，採取堅決反對的態度。然而，如果站

在對方會長的立場來想，為了自家股東的權益，能多爭取一美元的股價當然要爭取，所以我決定接受對方的要求。

就在約定好的股票交換日逼近的時候，紐約證券交易所的平均股價開始下跌，京瓷的股票也下跌了將近十美元，來到每股七十二美元。AVX會長見狀後，再次聯繫我們，希望將已經談妥的京瓷股票交換價格，從當時的八十二美元降到現在的七十二美元。

一般人會覺得，如果只有京瓷的股票下跌，提出這樣的要求還情有可原，但問題是整體股市都在下跌，所以，完全不需要去改變當初談好的換股比率。代表京瓷參與談判的人員也口徑一致表示：不應該再接受對方的任何要求。

不過，我還是決定再次接受這個對自己不利的要求，既不是出於計算，也不是因為同情心氾濫。因為我認為，所謂的收購和合併，是文化完全不同

的兩家公司合而為一，有點像是兩家公司走進婚姻一樣，所以當然要應盡最大的努力去考慮對方的感受。

完成ＡＶＸ的收購後，京瓷的股價穩步上揚，不僅ＡＶＸ的股東因手握京瓷的股票而樂呵呵，ＡＶＸ的員工也不像一般被收購的公司員工那樣，對於收購自己的母公司有反感或不滿的情緒，反而是坦率地接受了母公司京瓷的經營哲學，讓兩家公司一開始就建立起良好的溝通橋樑。

由於以上這些原因，ＡＶＸ公司在被收購後，仍然持續不斷地發展與成長，短短不到五年的時間，ＡＶＸ再次回到紐約證券交易所掛牌上市。ＡＶＸ股票的再次上市，讓母公司京瓷也獲得了鉅額的股票收益。

失敗與成功的心態差異

就在同一時期，許多日本企業也跟京瓷一樣收購了美國公司，但卻蒙受巨大損失，只能陸續撤退或出售該公司，很少聽說成功收購的案例。

透過報紙報導經常可以看到，日本企業如果要和外資背景的財團合作，雙方容易變得劍拔弩張、難有達成，最後往往以談判破局告終。

我認為，這些失敗案例和京瓷的成功案例的最大差別在於——是否只考慮自己的利害得失？還是真心為對方著想？這兩種心態的差異。

重視對方、體貼他人的「利他」行為，乍看之下是自己吃虧，但以長遠的眼光來看，一定會帶給你意想不到的美好結果。

要點

是否能摒除「在弱肉強食的商業社會中，不需要利他之心」的想法？

是否能不只考慮利害得失，也能為對方著想？

是否理解體貼他人的行為會帶給你美好的結果？

補充說明

Q1　如何培養體貼的心？

每個人都有兩個面，一個是「利己的自己」，一個是「利他的自己」。所謂「利己」可以說是神賦予人類的本能，為了讓人類保護自己、讓自己變得更好。就好比肚子餓的時候想吃飯、希望自己比別人得到更多食物、受到輕視的時候會生氣諸如此類的反應，都是源自於本能的利己心態。

保護自己時不可或缺的鬥志，也出自於本能。在文明出現以前，人類必須站出來對抗野生動物的攻擊，保護自己的家族生存下去。其他像是嫉妒、仇恨等情緒，也都是為了自身利益所衍生出來的。

而另一邊的「利他」，則是大愛。即使需要犧牲自己，也不惜愛著他人、讓他人得利。所謂利他，就是擁有體貼的心，而所謂體貼，就是把他人

的喜悅視為自己的喜悅。

這種利他之心，也是人類與身俱來的本性。一個人無論再怎麼自私和邪惡，一定有為他人著想、充滿利他之心的另一面。一個人的人性是由自私和利他的比重來決定。如果利他的比重較大，這個人就會變成「人格高尚者」；如果自私的比重更強，這個人就會變成「自私自利者」。

經營公司時，都是源自於「無論如何我要這樣做」、「不管發生什麼事，我絕不會輸」這種強烈的願望，也就是都是從利己的角度出發。特別是當你雇用了大量員工，你必須想辦法讓他們都能不愁吃穿。所以，你必須擁有比格鬥技選手還熾烈的鬥志，沒有這樣的覺悟，無法經營好企業。

然而，只讓利己之心不斷壯大，雖然會取得暫時的成功，但成功總有一天會破滅。你必須體認到：「利他」也很重要，不能任由「利己」不停膨脹。當你發現利己之心在不斷壯大時，要想辦法讓利他之心適時地成長茁

壯。此時，並不是讓利他的行為比照利己的行為同等增加，而是應該讓利他的行為稍微多於利己的行為。

想喚起利他之心，只有透過學習。利己之心出於本能，即使不學習，也會時常表現出來；但埋藏在內心深處的利他之心，若不刻意地發揮它，是無法顯現出來的。因此才需要透過學習，也就是藉由「提高人性」的鍛煉，我稱之為「提升心性」。

我們必須有計劃地讓利他之心萌芽生長，如果不積極地灌溉、施肥心中的那一畝利他之田，利他之心就無法成長茁壯。

Q2

真正為對方著想的體貼是什麼？

在貧困的發展中國家等地，當地人真正需要的不是食物，而是能夠自力

更生的職業訓練和農業技術。他們現在的生活可能很艱苦，過著有一餐沒一餐的日子，但他們一定還是希望學會自己養活自己的技能。

這才是有實質意義的幫助。如果只是送他們奶粉、麵粉，讓他們養成不工作也能過活的習慣，只會讓他們更難脫離貧困的深淵。

雖然幫他們度過眼前的困境是好事，但那是「小善」。小善類似於大惡。也就是說，小善等同於犯下大錯。當你打造了一個不用工作就能不愁吃穿的環境，下次一旦斷了物資援助，習慣這個環境的每個人，就只能活活餓死。施以這樣的小善，只是名義上的援助，而實質上，卻等同於做了非常惡劣的壞事。

誠如「小善類似於大惡，大善類似於無情」這句話一樣，真正的大善，乍看之下一點也不和藹可親，反而給人冷酷無情的感覺。

只懂得伸出援手，並不是善。真正的體貼，不是對眼前的事物發揮同

情，而是為更深更遠的未來著想。大善看似冷酷無情，但在其根基深處，其實隱藏著真正為對方著想的大愛。

Q3

我們應該追求的「利他的經營」是什麼？

我在二十七歲時創立了京瓷這家公司，從此踏上了經營者之路。不過從那時候開始，我一直擔心別人會用奇怪的眼光看我，認為我這種在商場打滾的企業經營者，為了賺錢多多少少都會做出一些不擇手段的事。

當我這樣擔心苦惱的時候，我接觸到石田梅岩的教誨，並因此得到救贖。石田梅岩是一位在江戶時代的京都城區開設私塾的人物，他聚集眾多商人之子，對他們講述商人之道，也就是從商之道。他曾說過：

「我認為真正的買賣，就是要讓買賣雙方都得利。」

換句話說，石田梅岩教導商人們：「真正的買賣，必須讓對方以及自己都覺得滿意。讓對方以及自己都賺錢的雙贏狀態，才是真正的從商之道，而不是只想著自己賺錢就好。」

江戶時代當時，很多人也以輕視的眼光認為「所謂商人，就是追求自身利益的那群人」吧！

但為什麼到了今天，大家還是會這樣認為？我想這可能跟資本主義社會中的股份有限公司的定義有關。當今的資本主義社會，股份有限公司是屬於股東的，所以公司的經營目標很容易就變成：追求股東價值的最大化。當企業經營者被告知要去實現這樣的目標時，只會覺得自己明明沒做什麼壞事，為什麼去實現這個普世價值認可的目標時，內心卻會隱隱作痛。這就是現實

的情況。

其實道理不應該是這樣的。經營者不應該為了增加自身財富而壓榨員工，應該身先士卒做好榜樣，不遺餘力流血流汗也要把公司經營好，並確保員工以及員工的家人都能衣食無虞。而這卻與資本主義社會普遍認為的經營者定義恰恰相反。

經營者無論是雇用五名或者十名員工，都意味著，要去確保員工及其家人這麼一大群人的生活。在現今這個生活大不易的社會中，光是讓自己能吃飽穿暖都很困難了，經營者還要努力經營企業以照顧這麼多員工的生活。所以，經營企業是一種非常偉大的「利他行為」。或許有人會看不起小公司的經營者，但他們所做的事，卻是實實在在地幫助社會底層的一部分人的偉大行為。

京瓷的企業經營目標向來都是「追求全體員工物質上和精神上的幸

福」。我雖然在公司股票上市後也考慮過股東的權益，但我認為「當公司發展成一家了不起的企業時，股票價值自然會提升」。然後，為了讓公司變成一家了不起的企業，必須讓公司裡的所有員工都過得幸福有朝氣，都願意認真努力工作。員工不這樣，公司就不可能變得更好。

當公司變得更好，公司股價就會上升，股東自然就會從中獲利。因此，所謂的企業經營，我認為不是壓榨員工、讓員工在惡劣的工作環境中賣命，只讓經營者一個人賺錢得利，而是要盡力做到讓每個員工都感到開心滿意，才是經營的真諦。以上這套邏輯，大大顛覆了資本主義社會，一直以來的觀念。

第12條

始終保持開朗樂觀的態度

——懷抱夢想和希望，以坦誠之心處世

無論處於任何逆境，都要積極看待人生

經營者無論處於何種逆境，始終要保持開朗樂觀的態度。這是我的信念。當你投入經營，會遇到層出不窮的課題，而在你愈是遭逢苦難的時刻，愈不能失去夢想和希望。

往往，你會因為從天而降的各種經營問題，被逼到快要走投無路，你只能咬緊牙關撐著，身上無時無刻不散發著苦悶與悲壯。或者，你可能因為「強烈的意志」和「燃燒的鬥魂」而讓思緒糾陷入糾結，你只能不斷告訴自己必須克服煩惱才能好好經營公司。

但其實不是這樣的。正因為在關乎存亡的時刻，需要堅強的鬥魂和不屈不撓的意志，所以你平時就要保持開朗積極的態度，這一點非常重要。如果做不到這一點，公司應該很難長久經營下去。

我希望各位經營者都能開朗積極地活著，不僅要有「不顧一切也要去做」的強烈想法，還要懷抱著「無論如何我一定會開創美好未來」的確切信念。不管現在處於何種逆境，都能積極地看待自己的人生。這是人生的鐵則，也是經營者的生存法則。

就算你現在健康亮起紅燈，也要相信自己一定能恢復健康而好好養生；就算你現在為資金短缺所苦，也要相信自己只要努力就能改善與克服。這道理對於深陷逆境的人來說是非常難以接受的，但就算是強迫自己接受，也要努力讓自己真的去這麼想。

不斷思善行善，必會時來運轉

這種帶有開朗、樂觀、專注色彩的努力，以長遠的眼光來看，一定會有

所回報。因為自然界就是以這種方式建構了我們生存的世界。

我把這個道理用「符合宇宙的意志」來表現，並向許多人闡述了它的重要性。擁有美好心靈，充滿體貼關懷，謙虛有禮且不忘感謝，並以真誠的心不斷努力。像這樣不斷思善行善的人，我從靈魂深處堅信：他們的生命一定會變得更加開闊。

持續地思善行善，必會時來運轉。我認為這一點，正是日本航空之所以重建成功的最重要因素。

當然，「經營哲學」和「阿米巴經營」的確發揮了不可小覷的力量。但我不得不說，如果只有這兩者，是很難讓日本航空重建成功的。在這兩者之外，有某種超乎你我想像的、很難用言語形容的「偉大力量」的加持，才得以讓日本航空重建成功。

獲得兩個「他力」就能更加成長發展

關於這個「偉大力量」，我在盛和塾的紐約塾長例會上，以「一個自力和兩個他力」為題進行演講時曾經提及。演講內容如下：

首先來聊聊「自力」。所謂自力，就是經營者以最大限度去發揮自身的力量。然後接下來，會獲得第一個「他力」，也就是員工配合協助的力量。最後，透過不斷的思善行善，會得到另一個「他力」的幫助，也就是這世上存在的偉大力量。

本書所論述的「經營十二條」，著重於自力的說明——經營者應該如何思考、如何行動。

首先，請各位努力不懈地發揮自力，在此同時如果能獲得另外兩個他力——員工的協助之力與上天的偉大之力——那麼不僅各位的公司能達到超乎想像的成長與發展，就連各位的人生也會變得更加豐富與精彩。

回顧京瓷、第二電電（現ＫＤＤＩ）的飛躍成長與日本航空的成功重建，為什麼這三家公司能締造的如此驚人的佳績？我其實沒有特別做什麼，我只是將我前面所述的理念付諸實踐罷了。因此我決定把這些經營理念彙集成冊，寫成這本「經營十二條」。

請各位務必要相信偉大力量的存在，並努力去理解與實踐本書所提的內容。我衷心期望各位藉由「經營十二條」，能有更加出色的經營表現，讓更多員工去獲得精神上和物質上的幸福。

要點

無論處於何種逆境，是否能展現領導者該有的樂觀與積極？

是否堅信著「我一定能開創美好的未來」？

是否能時時心懷感謝，以謙虛、真誠的心不斷努力？

是否能努力發揮自力——實踐「經營十二條」？

是否能獲取兩個他力——員工的協力與上天的偉大之力？

補充說明

Q1 領導者應該以什麼姿態面對問題？

領導者應該常懷開朗樂觀的心，換句話說，就是擁有一顆充滿夢想與希望的心，當你的心態如此，必會有與此心態吻合的未來。如果舉止一直保持開朗樂觀，未來也會如此開朗樂觀；如果持續懷抱著夢想與希望，未來也一定能將它們實現。這是自然法則。所以不要再讓裹足不前、憂心糾結等事情發生了。

我們的確會在工作上或人生中遇到各種問題。為了克服這些問題，我們必須考慮到很多層面。當你針對問題進行思考的當下，出現心煩、痛苦等情緒是無可厚非的，不過你一旦脫離思考狀態，心態就應該回歸開朗樂觀。

我認為我們必須保持開朗樂觀的心態，並時時對自己說：「我的人生，

一定會有充滿夢想與希望的光輝未來。」

尤其是，如果領導者本身散發著陰暗和憂鬱的氣質，只會讓他所帶領的集團陷入不幸。領導者的行為舉止應該要開朗積極，並讓週遭環境也維持開朗明亮的氣氛。領導者平時能否展現開朗樂觀的表情或言行，對集團來說非常重要。

我將領導者平時應該注意的六個重點，稱之為「六個精進」。

六個精進

1 付出不輸給任何人的努力

2 謙虛不驕傲

3 每天反省

4 對活著這件事表達感謝

5累積善行與利他行為

6不作感性的煩惱

其中有一項是「不作感性的煩惱」，意思是，對於就算煩惱也無能為力的事情，不應該為了它煩惱到心亂、心痛的地步。

雖然我們必須反省改正失敗與過錯，但我們需要做的，是把它們牢記在心裡，而不是一直鑽牛角尖地去煩惱這些事情，讓自己落入「百害而無一利」的境地。

每個人都有擔心的事情，不只擔心工作，還會擔心家庭、人際關係等方面出現的各種問題。但是，就算我們擔心已經發生的事情也於事無補，這就像「覆水難收」的道理一樣。煩惱只會帶來負面影響，所以我們不應該遇事就心煩意亂悶悶不樂。如果你對問題沒輒，那就只能不去想它。不要因為感

性的煩惱而讓自己飽嘗心痛之苦。

大家可能會覺得我這種說法很沒責任感，但對於已經發生的事情，你只要好好反省過，之後就轉換心情、開朗樂觀地去思考接下來的挑戰就好了。

Q2 身為經營者，成長需要什麼條件？

第十條提到「不斷從事創造性的工作」，但很多人會因為各種的執著與堅持，無法做出創新——執著於現狀，執著於現有的技術，執著於過去所做的一切。

反之，能發揮創意的人，一旦發現「過去所做的事情是錯的」，會虛心地修正方向，並重新思考各種可能。如果不能否定過去，就無法創造新的局面、迎接嶄新的現在到來了。坦誠的心，是一切進步的原動力。

換句話說，坦誠的心是人類進步的唯一必要條件。沒有坦誠的心，人類就無法進步。正是因為態度坦誠，才能夠欣然接受別人的指導教誨，並持續跨出步伐向前。一顆坦誠的心，不僅僅代表著順從，更意味著身段像海綿一樣柔軟，能夠吸納各方意見與各種新知。

如果各位想成為一位優秀的經營者和領導者，想把公司經營得有聲有色，就必須時時保持進取向上的心。基於「沒有坦誠的心就無法進步」的觀點，我才會在本書最後的第十二條，加入了「以坦誠之心」這樣的字眼。坦誠的心是難能可貴的寶藏。有些人可能會覺得坦率誠實的人很蠢，這是天大的錯誤。人類想要進步，不能缺少坦誠的心。我之所以在「經營十二條」的最後一條特別提到它，就是因為坦率誠實的心態，會大大影響人生的走向和經營的成敗。

如果你總是開朗樂觀，並以積極的心態描繪未來，那麼你的人生、你所

經營的公司也會朝著那個方向發展。這個道理貫穿了整個「經營十二條」，是讓公司的經營邁向成功的關鍵之鑰。

Q3 「經營十二條」的根本思想是什麼？

「經營十二條」的根基裡，蘊含著「人的想法必能實現」的思想。為什麼會出現這種思想？我想我是受到瑜伽大師中村天風的強烈影響，才會自然而然在此反映出來。

天風大師經常說，「時常把開朗積極的想法描繪出來」，因為人生會照著心所描繪的樣子發展。換句話說，世上的每個人所走的路，都是他們曾在心中描繪過的路，他們只是順勢踏上自己所思所想的路罷了。

不只天風先生提出這樣的想法，許多思想家也曾說過類似的話。

生於十九世紀末、於二十世紀初年紀輕輕就逝世的英國思想家詹姆斯·艾倫就曾說過：「自己才是自己人生的創造者」。這句話的意思是，自己會有怎樣的人生，並非偶然，也非命運，而是由你自己決定，你的人生會依照你想要的方式呈現。也就是說，人類可以透過心靈，把自己描繪成高貴崇高的存在，也可以把自己描繪如禽獸般墮落的存在。

詹姆斯·艾倫還在他所著的《原因與結果的法則》（Sunmark 出版）一書中，強調了思想的重要：

人類的心靈就像一座花園，可以用知識去耕種它，也可以完全不去照顧它，但不管是哪種情況，花園都會長出東西來。

如果你沒在自己的花園撒下美麗花草的種子，最終會飛來無數雜草的種子，讓花園成為雜草叢生的荒蕪之地。

優秀的園藝家會修整花園、去除雜草、撒下美麗花草的種子，並不斷澆水施肥讓它們好好長大。同樣的道理，如果我們想要活出精彩人生，就必須照顧好自己的心靈花園，把花園裡不純潔的錯誤思想種子通通拔除，然後種下純潔的正確思想種子，並始終悉心照料它們。

只要把你的思想種子撒在你的心靈花園裡，並悉心照料不讓雜草叢生，那麼花園就會如你所願地開出美麗的花朵、結出飽滿的果實。換句話說，思想不單單只是一掠而過的想法而已，思想會展現在行為上，並開花結果。

詹姆斯・艾倫想告訴我們的是，當你內心抱持美麗的想法，必會招致精彩美好的結果；如果抱持負面的想法，絕對不會產生好的結果。

思想這個「原因」，絕對會牽扯出某種「結果」。我們身處的物質世界非常理性，一切事情的發生，都是由具體原因引起的，而以詹姆斯・艾倫的

觀點來看，唯一的原因，就是內心抱持的「想法」。一開始只停留在抽象概念的「想法」，總有一天會在現實社會中招來具體的結果。換句話說，「只要思想這個原因存在，必會產生結果」的真理（因果報應的法則），存在於宇宙之中。

那麼，成就事物的強烈想法，又是從哪裡冒出來的？

我認為，人類的心靈擁有多重構造，這個多重構造的核心，被稱為「真我」。真我是一個乾淨美麗且純粹的存在，只有開悟的人才能感知得到。雖然我們一般人無法感知到真我，但真我會向我們的意識，發送高尚美麗的信號。這個信號就是「想法」。我們常常用很強烈、很微弱來形容想法，而這樣的想法，並不是經由大腦思考後產生的。這種帶有態度的想法，是從某個地方湧現而出的。

是從哪裡湧現的？其實，像這種擁有超強實現能力的想法，都是從真我

湧現出來的。當你的想法愈貼近真我的本質，這個想法擁有愈大的能量，也就愈容易被實現。

這種思想是我年輕時從天風先生的哲學書中學到的，從此便將它活用在公司經營上。京瓷每年都會向員工揭示該年度的精神標語，而這些標語很多都來自於天風先生的哲學。這套哲學也教會我，要強烈地在內心想著：希望與大家一起把公司經營得有聲有色。「當大家都共同抱持某個強烈的想法，那麼這個想法必能實現」我堅信這一點的同時，一邊努力踏上經營之路直到今天。

只要你的想法強烈到足以滲透到潛意識的程度，那麼想法必能成為現實。我便是基於這樣的思想，完成了整個「經營十二條」，以及其中每一條的內容。

出處與參考資料

本書《稻盛和夫　經營12條》是根據稻盛和夫先生在盛和塾針對「經營十二條」主題所進行的演講（二〇一二年十二月西日本地區年終塾長例會、二〇一三年七月世界大會）內容編輯而成。每一條的「補充說明」以問答形式呈現，其出處如下：

第1條
Q1 領導者研習演講（二〇一〇年六月，日本航空）
Q2 同上
Q3 講義《京瓷的經營十二條》（二〇〇五年九月，京瓷）

第2條
Q1 領導者研習演講（二〇一〇年六月，日本航空）
Q2 同上
Q3 京瓷哲學演講（一九九八年八月，京瓷）

第3條
Q1 領導者研習演講（二〇一〇年六月，日本航空）
Q2 塾長演講（二〇一〇年四月，盛和塾全國代表大會）
Q3 同上

第4條
Q1 領導者研習演講（二〇一〇年六月，日本航空）
Q2 同上
Q3 講義《京瓷的經營十二條》（二〇〇五年九月，京瓷）

第5條
Q1 同上
Q2 塾長演講（二〇一四年十二月，盛和塾西日本地區年終塾長例會）

第6條
Q1 領導者研習演講（二〇一〇年六月，日本航空）
Q2 講義《京瓷的經營十二條》（二〇〇五年九月，京瓷）
Q3 領導者研習演講（二〇一〇年六月，日本航空）

第7條
Q1 講義《京瓷的經營十二條》（二〇〇五年九月，京瓷）
Q2 社刊《敬天愛人》卷頭文（一九八五年二月，京瓷）
Q3 講義《京瓷的經營十二條》（二〇〇五年九月，京瓷）

第8條
Q1 同上
Q2 塾長演講（二〇一二年七月，盛和塾世界大會）

第9條
Q1 講義《京瓷的經營十二條》（二〇〇五年九月，京瓷）
Q2 同上
Q3 領導者研習演講（二〇一〇年六月，日本航空）

第10條
Q1 塾長演講（二〇一五年十二月，盛和塾東日本地區年終塾長例會）
Q2 講義《京瓷的經營十二條》（二〇〇五年九月，京瓷）
Q3 塾長演講（一九九六年七月，盛和塾全國大會）

第11條
Q1 塾長演講（一九九一年十月，盛和塾北大阪‧東大阪聯合塾長例會）
Q2 講義《京瓷的經營十二條》（二〇〇五年九月，京瓷）
Q3 塾長演講（二〇〇三年八月，盛和塾全國大會）

第12條
Q1 講義《京瓷的經營十二條》（二〇〇五年九月，京瓷）
Q2 同上
Q3 同上

〈作者介紹〉

稻盛和夫

1932年，生於鹿兒島縣。畢業於鹿兒島大學工學院。1959年，創立京都陶瓷股份有限公司（現在的京瓷），曾擔任該公司社長和會長，並於1997年擔任榮譽會長。1984年創立第二電電（現在的KDDI）並擔任會長，2001年成為最高顧問。2010年接下日本航空公司會長的重擔，並歷經代表董事會會長和榮譽會長後，2015年成為榮譽顧問。1984年創立稻盛基金會，設立「京都賞」，每年表揚對人類社會的進步發展作出貢獻的人士。2022年8月逝世。

著有《稻盛和夫的實學》、《阿米巴經營》、《稻盛和夫的童年回憶錄》、《打造高獲利企業》、《善用人才》、《激發員工士氣的七個關鍵》（以上皆由日本經濟新聞出版）、《獲取成功的熱情》（PHP研究所出版）、《生存之道》（SUNMARK出版）等多部作品。

https://www.kyocera.co.jp/inamori/

國家圖書館出版品預行編目（CIP） 資料

稻盛和夫　經營12條：管理者應貫徹的會計原則、人才養成與組織管理／稻盛和夫著；吳乃慧譯. -- 第一版. --臺北市：天下雜誌股份有限公司，2024.3
280面；14.8×21公分. --（天下財經；509）
譯自：経営12カ条：経営者として貫くべきこと
ISBN 978-986-398-938-7（平裝）

1. CST：企業經營　2. CST：企業管理
3. CST：管理者

494.1　　112018401

天下財經 509

稻盛和夫　經營 12 條

管理者應貫徹的會計原則、人才養成與組織管理

経営12カ条：経営者として貫くべきこと

作　　者／稻盛和夫 Kazuo Inamori
譯　　者／吳乃慧
封面設計／DiDi
內文排版／顏麟驊
責任編輯／賀鈺婷、張齊方

天下雜誌群創辦人／殷允芃
天下雜誌董事長／吳迎春
出版部總編輯／吳韻儀
專書總編輯／莊舒淇（Sheree Chuang）
出版者／天下雜誌股份有限公司
地　　址／台北市 104 南京東路二段 139 號 11 樓
讀者服務／（02）2662-0332　　傳真／（02）2662-6048
天下雜誌 GROUP 網址／ http://www.cw.com.tw
劃撥帳號／ 01895001 天下雜誌股份有限公司
法律顧問／台英國際商務法律事務所・羅明通律師
印刷製版／中原造像股份有限公司
總 經 銷／大和圖書有限公司　電話／（02）8990-2588
出版日期／ 2024 年 3 月 27 日第一版第一次印行
定　　價／ 480 元

書號：BCCF0509P
ISBN：978-986-398-938-7（平裝）

直營門市書香花園　地址／台北市建國北路二段 6 巷 11 號　電話／02-2506-1635
天下網路書店　shop.cwbook.com.tw　電話／02-2662-0332　傳真／02-2662-6048

天下雜誌
觀念領先